Στοίχιση

Η Διαδικασία της Μεταστοιχείωσης εντός των Μηχανισμών της Ζωής

Dan Desmarques

22 Lions

Στοίχιση: Η Διαδικασία της Μεταστοιχείωσης εντός των Μηχανισμών της Ζωής

Γράφτηκε από τον Dan Desmarques

Ευρετήριο

Εισαγωγή

Ψάχνετε για μια βαθύτερη κατανόηση της πνευματικής σας ταυτότητας και του πνευματικού σας σκοπού; Αυτό το μεταμορφωτικό βιβλίο σας προσκαλεί να εξερευνήσετε τη βαθιά διαδικασία της ευθυγράμμισης, η οποία είναι ο μετασχηματισμός που λαμβάνει χώρα μέσα στους ίδιους τους μηχανισμούς της ύπαρξής μας.

Το βιβλίο «Στοίχιση: Η Διαδικασία της Μεταστοιχείωσης εντός των Μηχανισμών της Ζωής» εξετάζει την περίπλοκη αλληλεπίδραση μεταξύ της συνείδησης, του εγώ και του ανώτερου εαυτού. Αμφισβητεί τις συμβατικές αφηγήσεις που συχνά μας κρατούν κολλημένους σε κύκλους πόνου και στασιμότητας. Μέσα από μια αριστουργηματική σύνθεση πνευματικής σοφίας, επιστημονικής διορατικότητας και πρακτικής καθοδήγησης, το βιβλίο αυτό φωτίζει ένα μονοπάτι προς τη μεγαλύτερη αυτογνωσία, τη διορατικότητα και την πραγμάτωση των πραγματικών δυνατοτήτων μας.

Εμβαθύνοντας στη φύση της ψυχής, του νου και του πνεύματος, το βιβλίο αποκαλύπτει τις κρυφές δυναμικές πίσω από τις εμπειρίες και τις σχέσεις μας. Προσφέρει μια συναρπαστική προοπτική για τους ρόλους της θρησκείας, της ψυχολογίας και της προσωπικής ανάπτυξης, προσκαλώντας τους αναγνώστες να υπερβούν τους περιορισμούς του δόγματος και να αγκαλιάσουν μια πιο ολιστική και ενδυναμωμένη κατανόηση της ανθρώπινης κατάστασης.

Είτε αναζητάτε απαντήσεις στα βαθύτερα ερωτήματα της ζωής, είτε αγωνίζεστε να απελευθερωθείτε από περιοριστικές πεποιθήσεις είτε λαχταράτε για μια πιο ουσιαστική και ικανοποιητική ύπαρξη, αυτή η σε βάθος εξερεύνηση της διαδικασίας ευθυγράμμισης θα αποτελέσει έναν μεταμορφωτικό οδηγό. Ετοιμαστείτε να ξεκινήσετε ένα ταξίδι αυτογνωσίας, πνευματικής εξέλιξης και ξεκλειδώματος του υψηλότερου δυναμικού σας.

Κεφάλαιο 1: Η ψευδαίσθηση της επιλογής

Η κατεύθυνση προς την οποία οδεύουμε, το ποιος είστε ως άτομο, αυτό που συμβουλεύει η κοινή λογική και αυτό που καθορίζει το μυαλό σας δεν χρειάζεται να συμπίπτουν. Πρέπει να κατανοήσουμε αυτές τις δυναμικές προκειμένου να κάνουμε τις σωστές επιλογές στη ζωή, γιατί τελικά οι νόμοι του σύμπαντος έχουν σημασία μόνο σε σχέση με τις δικές μας επιλογές. Για τον μέσο άνθρωπο, αυτές οι επιλογές συχνά δεν φαίνεται να υπάρχουν. Προκαθορίζονται στα πρώτα χρόνια της ζωής και συνεχίζουν να εκδηλώνονται ως απότοκα αυτών των πρώτων εμπειριών. Αυτή η νοητική προετοιμασία διαμορφώνεται συνήθως από την οικογένεια, το σχολείο, τον πολιτισμό και άλλες επιρροές που ενισχύονται σε όλη τη διάρκεια της ζωής, καθώς πολλοί παραμένουν προσκολλημένοι σε αυτές.

Οι μάζες δεν είναι συνήθως τίποτα περισσότερο από προϊόντα της κουλτούρας και της χώρας που γεννήθηκαν. Τα υπόλοιπα είναι απλώς συγκυρίες. Επομένως, δεν έχει πολύ νόημα να συζητάμε για μια κατεύθυνση στη ζωή, όταν αυτή η κατεύθυνση εξαρτάται από την ταυτότητα, ειδικά όταν δεν κατανοούμε πλήρως ποιοι είμαστε, πώς διαμορφώνεται η ταυτότητά μας ή γιατί πρέπει να αλλάξει. Ωστόσο, σύμφωνα με διάφορους πνευματικούς νόμους, όλοι οδεύουμε προς την ίδια κατεύθυνση, με έναν κοινό σκοπό. Αυτός ο σκοπός επιτυγχάνεται όταν ένα άτομο βρίσκεται σε αρμονία με την αλήθεια. Ωστόσο, για να είμαστε σε πνευματική ευθυγράμμιση, είναι απαραίτητο να έχουμε γνώση, διάκριση και εμπειρία.

Δεν έχει σημασία από πού ξεκινήσαμε στη ζωή μας, τι τραύματα έχουμε υποστεί ή ποιες ήταν οι προηγούμενες μετενσαρκώσεις μας, γιατί όλοι οδεύουμε προς τον ίδιο προορισμό: τη συνείδηση. Μια υψηλότερη συνείδηση μας φέρνει πιο κοντά στην κατανόηση της ενότητας, στη συνειδητοποίηση ότι είμαστε όλοι μια οικογένεια στο σύμπαν, όχι μόνο στον πλανήτη μας. Οι πράξεις μας, τα σώματά μας και οι εμπειρίες μας δεν καθορίζουν την πνευματική μας ταυτότητα. Αυτή η ταυτότητα καθορίζεται αποκλειστικά από το επίπεδο συνειδητότητας στο οποίο φτάνουμε.

Πολλά πνευματικά βιβλία ασχολούνται με αυτές τις διδασκαλίες και επαινούν όσους είναι αφοσιωμένοι στον Θεό, μια ανώτερη ταυτότητα στην οποία αποδίδουμε νοήματα που δεν μπορούμε να επεξεργαστούμε στον εαυτό μας, που τα γνωρίζει όλα, τα βλέπει όλα και είναι όλα. Ωστόσο, μέχρι να συνειδητοποιήσουμε ότι δεν είναι ο Θεός που αναζητούμε, αλλά το πεπρωμένο μας, και να επαναπροσδιορίσουμε τι ή ποιος είναι ο Θεός, θα πρέπει να περιηγηθούμε σε πολλές καταστάσεις του νου, που συχνά αποκαλούνται μετενσαρκώσεις, καθώς συχνά συμβαίνουν μεταξύ των ζωών. Για τους περισσότερους ανθρώπους, η πραγματική αλλαγή συμβαίνει όταν αναγκάζονται να καταλάβουν ένα νέο σώμα και να ξαναγεννηθούν σε μια νέα κουλτούρα. Ωστόσο, καθώς πολλοί είναι πεισματάρηδες και αργούν να μάθουν τα απαραίτητα μαθήματα, μια μετενσάρκωση δεν είναι πάντα αρκετή. Μπορεί να καταλήξουν να επαναλαμβάνουν τις ίδιες τάσεις σε πολλές υπάρξεις σε διαφορετικά σώματα.

Όταν οι άνθρωποι μου ζητούν να τους εξηγήσω τις μετενσαρκώσεις τους, συνήθως περιμένουν μια παρηγορητική ιστορία, όχι την πραγματικότητα που τους παρουσιάζω: αν είναι αλκοολικοί σε αυτή τη ζωή, μπορεί να ήταν αλκοολικοί σε μια προηγούμενη ζωή- αν φοβούνται τα ταξίδια τώρα, μπορεί να μην έχουν πάει πουθενά σε μια προηγούμενη ζωή- και αν είναι μόνοι, μπορεί να είναι επειδή διώχθηκαν και προδόθηκαν από εκείνους που εμπιστεύτηκαν σε μια προηγούμενη ζωή. Αυτές οι αναμνήσεις δεν είναι ευχάριστες, αλλά αποτελούν μέρος της ιστορίας μας ως πολιτισμού. Οι άνθρωποι αυτού του πλανήτη ήταν σκληροί, βάρβαροι, πρωτόγονοι και απίστευτα αδαείς. Όσο δεν βλέπουμε το παρελθόν όπως πραγματικά ήταν και όχι όπως θα θέλαμε να ήταν, δεν θα μαθαίνουμε από την ιστορία.

Πολλές ψυχολογικές μελέτες, όπως το πείραμα του Milgram που διεξήχθη στο Πανεπιστήμιο Yale, δείχνουν ότι οι περισσότεροι άνθρωποι είναι πρόθυμοι να βλάψουν έναν άλλο άνθρωπο αν λάβουν εντολές από μια φιγούρα εξουσίας. Οι αποφάσεις μας στη ζωή υποκινούνται κυρίως από την επιθυμία για ασφάλεια, σεξ και φαγητό - εγωιστικές επιθυμίες της κατώτερης φύσης. Αν αυτό ισχύει στον 21ο αιώνα, πόσο διαφορετικό πιστεύετε ότι ήταν τον 18ο αιώνα, τον πρώτο αιώνα ή πολύ νωρίτερα; Πιθανότατα δεν ήταν πολύ διαφορετικό, εκτός αν εφεύρουμε χαμηλότερες κλίμακες για να περιγράψουμε τη συμπεριφορά μας.

Οι εμπειρίες μας ήταν πιο σοβαρές λόγω του χαμηλότερου επιπέδου κοινωνικής οργάνωσης, της μη ανεπτυγμένης τεχνολογίας και της απουσίας νόμων για την προστασία των αθώων από τη σκληρότητα. Σήμερα, μπορεί να αισθάνεστε κατάθλιψη εξαιτίας των προσβολών και του εκφοβισμού, αλλά όχι πολύ καιρό πριν, θα μπορούσατε να κρεμαστείτε από ένα δέντρο απλώς και μόνο επειδή οι άνθρωποι δεν σας συμπαθούσαν, την εμφάνισή σας ή το χρώμα του δέρματός σας. Τα θύματα του ρατσισμού, του ναζισμού και άλλων φρικαλεοτήτων το γνωρίζουν πολύ καλά αυτό. Πρόκειται για σκληρές πράξεις που οι άνθρωποι διέπραξαν ο ένας εναντίον του άλλου, μερικές φορές μόλις πριν από μερικές δεκαετίες, και οι οποίες συχνά επαινούνται και δικαιολογούνται ως ηθικά αποδεκτές. Φανταστείτε τι ήταν ικανοί να κάνουν στο παρελθόν.

Κεφάλαιο 2: Το Παγκόσμιο Μονοπάτι της Συνείδησης

Η πολιτισμένη κοινωνία έχει μια επιφανειακή εμφάνιση. Αφαιρέστε τα πρόσωπα εξουσίας, τον φόβο της τιμωρίας και τις συνέπειές της και μπορείτε ακόμα να βρείτε ανθρώπους να διαπράττουν φόνους βασισμένους σε διαστρεβλωμένες αντιλήψεις της πραγματικότητας. Ο ρατσισμός είναι πολύ ζωντανός σήμερα. Η διαφορά τώρα είναι ότι τα άτομα μπορούν να προκαλέσουν έναν καυγά για να δικαιολογήσουν την επιθετικότητα, αντί να συγκεντρώσουν μια ομάδα για να επιτεθούν σε κάποιον. Αυτή η συμπεριφορά εξακολουθεί να υφίσταται σε ορισμένα έθνη, όπως η Πολωνία, η Γερμανία και η Ουκρανία, αν και είναι λιγότερο συχνή από ό,τι ήταν κάποτε. Χαρακτηρίζουμε αυτές τις ομάδες ως νεοναζί για να εκλογικεύσουμε την πεποίθηση ότι οι περισσότεροι άνθρωποι δεν είναι σαν αυτούς. Ωστόσο, όταν ένα μαύρο άτομο ζητάει βοήθεια από την αστυνομία επειδή διώκεται από νεοναζί, η αστυνομία σε χώρες όπως η Πολωνία, η Λιθουανία και η Ουκρανία μπορεί να μην κάνει τίποτα.

Όταν οι θεσμοί που δημιουργήθηκαν για να προστατεύουν τους ανθρώπους από την αδικία είναι οι ίδιοι άδικοι, τα άτομα μπορεί να αισθάνονται δικαιολογημένα να αμυνθούν, ακόμη και να σκοτώσουν. Αλλά όταν η αυτοάμυνα χρησιμοποιείται εναντίον σου, γίνεται διαστροφή της δικαιοσύνης, ένα φαινόμενο που βλέπουμε σήμερα για παρόμοιους λόγους. Σε πολλά δικαστήρια, ένας μαύρος έχει περισσότερες πιθανότητες να συλληφθεί και να καταδικαστεί για ένα έγκλημα που δεν διέπραξε από ό,τι ένας λευκός. Είναι επίσης πιο πιθανό να συλληφθεί σε οποιοδήποτε μέρος του κόσμου όπου η πλειοψηφία του πληθυσμού είναι λευκοί. Οι άνθρωποι μπορεί να μη θέλουν να τους αποκαλούν ρατσιστές, αλλά οι πράξεις τους συχνά λένε το αντίθετο. Αν κάθομαι σε μια καφετέρια γεμάτη λευκούς ανθρώπους σε μια πόλη των ΗΠΑ, είτε πρόκειται για τη Νέα Υόρκη είτε για τη Φλόριντα, και όλοι με κοιτάζουν σαν να μην ανήκω εκεί, υπάρχει μόνο ένας λόγος: το χρώμα του δέρματός μου.

Αυτά τα αδαή άτομα δεν συνειδητοποιούν ότι μια μέρα θα μπορούσαν να μετενσαρκωθούν με την εμφάνιση κάποιου που σήμερα περιφρονούν και να βιώσουν από πρώτο χέρι τις συνέπειες της άγνοιάς τους. Γι' αυτό αντιστέκονται στην έννοια της μετενσάρκωσης και στις πιθανές αρνητικές συνέπειές της. Η νοοτροπία τους είναι εγωκεντρική και βλέπουν τη θρησκεία ως μέσο ικανοποίησης των προσωπικών τους επιθυμιών και όχι ως οδηγό προσωπικής ανάπτυξης. Προσαρμόζουν τις θρησκείες στις ανάγκες τους, φτάνοντας στο σημείο να παρουσιάζουν τον Ιησού ως λευκό, επιμένοντας στη λευκότητά του και ζωγραφίζοντάς τον έτσι.

Δεν υπάρχει τίποτα πιο αντιφατικό από έναν ρατσιστή που αυτοπροσδιορίζεται ως χριστιανός, αλλά αυτό είναι σύνηθες, ειδικά σε έθνη που ισχυρίζονται ότι υποστηρίζουν τις χριστιανικές αξίες.

Ένας χριστιανός μπορεί να πηγαίνει σε μια λιθουανική ή πολωνική εκκλησία την Κυριακή και, τη Δευτέρα, να συμμετέχει σε μια πορεία κατά των Αράβων προσφύγων, αγνοώντας το γεγονός ότι ο Χριστός προήλθε από αυτή την περιοχή. Ο Χριστός γεννήθηκε στην Παλαιστίνη και οι Παλαιστίνιοι είναι οι πραγματικοί απόγονοι των πρώτων Εβραίων. Κατά ειρωνικό τρόπο, τώρα εκτοπίζονται από Ευρωπαίους και άλλους αποικιοκράτες που καταλαμβάνουν τη γη και τα σπίτια τους, συχνά με τη βία.

Πριν από δύο χιλιάδες χρόνια, η διαμαρτυρία ενάντια σε αυτές τις αδικίες μπορούσε να οδηγήσει σε λιθοβολισμό ή σταύρωση- σήμερα, μπορεί να σημαίνει μια σφαίρα στο κεφάλι. Πού είναι οι Χριστιανοί σήμερα; Επισκέπτονται τους Αγίους Τόπους και κοινωνούν; Οι Εβραίοι που διέφυγαν από τον ρατσισμό στην Ευρώπη, τον διαιωνίζουν τώρα στο Ισραήλ, πιστεύοντας ότι ένας Εβραίος πρέπει να είναι λευκός και ότι άλλες θρησκείες δεν γίνονται αποδεκτές. Αυτό αντανακλά το παρελθόν, δύο χιλιάδες χρόνια πριν, όταν ο Χριστός σκοτώθηκε από τους προγόνους τους. Είναι λοιπόν η αλήθεια σχετική ή οι άνθρωποι είναι αδαείς;

Ο πραγματικός λόγος που οι περισσότεροι άνθρωποι δυσκολεύονται να βρουν την αλήθεια είναι επειδή πιστεύουν ότι πρέπει να προέρχεται από κάποιον που κάνει θαύματα. Έχουν εσωτερικεύσει τόσες πολλές πεποιθήσεις που μπορούν να δεχτούν μόνο πληροφορίες που συμφωνούν με αυτές. Η ταυτότητα και η κοινωνική τους θέση είναι χτισμένες πάνω σε αυτές τις πεποιθήσεις, γεγονός που τους οδηγεί στο να μην βλέπουν καμία αλήθεια πέρα από τη δική τους και να φοβούνται την αλλαγή. Μετά από πολλές αποτυχίες και χρόνια αποπροσανατολισμού, μπορεί να καταλήξουν στο συμπέρασμα ότι η αλήθεια δεν υπάρχει ή ότι είναι σχετική με την προσωπική τους εμπειρία. Η αλήθεια, ωστόσο, δεν είναι σχετική, αν και οι εκδηλώσεις της μπορεί να ποικίλλουν.

Πιστεύω ότι οι αποκαλύψεις δίνονται σε πολλούς και ότι, αν και κάποιοι αντιλαμβάνονται περισσότερο από άλλους, όλοι έχουν τη δυνατότητα να δουν κάτι. Η ανθρώπινη φύση οδηγεί συχνά τους ανθρώπους να ερμηνεύουν τις διδασκαλίες με τρόπους που τους αντιφάσκουν. Για παράδειγμα, οι ινδουιστικές γραφές επικρίνουν τη λατρεία των ζώων και τις τελετουργίες με φωτιά, αλλά οι πρακτικές αυτές επιμένουν. Το Κοράνι και η Βίβλος περιέχουν χωρία που επικρίνουν το μίσος για άλλες θρησκευτικές ομάδες, ενώ ο Ιησούς περιγράφεται ως κάποιος που αποδέχεται ανθρώπους από άλλες θρησκείες. Ωστόσο, όταν οι άνθρωποι σχετικοποιούν την αλήθεια, δεν μπορούν να την αναγνωρίσουν, ακόμη και όταν τους παρουσιάζεται.

Κεφάλαιο 3: Μετενσάρκωση και μαθήματα ζωής

Ορισμένοι Βραζιλιάνοι, επηρεασμένοι από την πολιτική, θρησκευτική και εκπαιδευτική προπαγάνδα, αποκαλύπτουν τους νοητικούς τους περιορισμούς αναφερόμενοι σε μένα ως «εσείς οι Ευρωπαίοι», χωρίς να συνειδητοποιούν ή να αποδέχονται ότι δεν ταυτίζομαι με την ήπειρο ή τον ευρωπαϊκό τρόπο σκέψης. Κατά τη διάρκεια της παραμονής μου στην Ασία, περιτριγυριζόμουν πάντα από Νοτιοαμερικανούς και Ασιάτες, όχι από Ευρωπαίους ή Βορειοαμερικανούς, καθώς θεωρούσα ότι οι τελευταίες ομάδες είναι γενικά πιο ρατσιστικές και προκατειλημμένες. Δεν είναι τυχαίο ότι τα βιβλία μου είναι δημοφιλή στη Νότια Αμερική και την Ασία, αν και δεν απευθυνόμουν ειδικά σε κοινό από αυτές τις περιοχές. Με τράβηξε φυσικά η προσοχή μου σε αυτές, επειδή μοιραζόμαστε παρόμοιες απόψεις σε πολλά ζητήματα. Αν οι άνθρωποι δεν μπορούν να δουν το προφανές, αυτό συμβαίνει επειδή ο εγκέφαλός τους φιλτράρει τα λόγια μου μέσα από προκαταλήψεις, αποτέλεσμα ισχυρής πολιτισμικής προετοιμασίας που τελικά εμποδίζει την ανεξάρτητη σκέψη και επιτρέπει στους πραγματικούς απατεώνες να περνούν απαρατήρητοι.

Όσον αφορά το θρησκευτικό μου υπόβαθρο, έχω συμμετάσχει σε πολλές ομάδες και έχω μάθει αρκετά ώστε να τις αξιολογώ κριτικά. Μια σημαντική διαπίστωση που απέκτησα είναι ότι το να περνάς μια ζωή σε μια ομάδα δεν σε κάνει ειδικό στις πεποιθήσεις της- σε κάνει ειδικό στο δόγμα, ικανό μόνο να εκλογικεύεις τις δικές σου πεποιθήσεις χωρίς να τις αμφισβητείς. Για να επικυρώσεις τις πεποιθήσεις σου, πρέπει να είσαι σε θέση να τις συγκρίνεις με εκείνες άλλων ανθρώπων, και έχω διαπιστώσει ότι πολύ λίγοι άνθρωποι καταφέρνουν να το κάνουν αυτό. Αυτοί που μπορούν να το κάνουν είναι συνήθως στον ακαδημαϊκό χώρο, όπως εγώ, και μαθαίνουν τόσα πολλά που καταλήγουν να απορρίπτονται από όλες τις ομάδες επειδή δεν επιτρέπουν στον εαυτό τους να επηρεαστεί από ψεύδη.

Η αλήθεια υπάρχει σε ένα υψηλότερο επίπεδο, πέρα από την κατανόηση των πολλών, και μας επιτρέπει να βλέπουμε ομοιότητες και διαφορές, να αναγνωρίζουμε τα λάθη και να διακρίνουμε τα γεγονότα από τον συμβολικό μυστικισμό. Αυτό απαιτεί ένα επίπεδο διάκρισης που οι περισσότεροι άνθρωποι δεν έχουν ή δεν θέλουν να έχουν, παρόλο που υπάρχουν βιβλία που υπερασπίζονται αυτές τις ιδέες.

Δεν κατηγορώ τον εαυτό μου όσο παλιά, αλλά μπορώ να πω ότι οι σύγχρονες θρησκείες έχουν απομακρυνθεί πολύ από την αρχική τους κατανόηση. Στις μέρες μας, είναι συχνά ευκολότερο να μάθουμε από τα ίδια τα θρησκευτικά κείμενα παρά από τους οπαδούς τους, οι οποίοι συχνά διαστρεβλώνουν τις διδασκαλίες. Για παράδειγμα, οι μασόνοι και οι ροδόσταυροι με ρωτούν πάντα πώς μπορώ να ξέρω περισσότερα από αυτούς. Υποθέτουν ότι ανήκω σε μια ομάδα με περισσότερες μυστικές γνώσεις, επειδή τείνουν να βλέπουν την αλήθεια μέσα από περιορισμένες οπτικές γωνίες. Παρά την ειλικρίνειά μου, τίποτα από όσα έλεγα δεν είχε νόημα γι' αυτούς, γι' αυτό έστειλαν ανθρώπους να με κατασκοπεύουν και να παρατηρούν τις πράξεις και τα γραπτά μου.

Ο λόγος για τον οποίο ήξερα περισσότερα από αυτούς, πράγμα που δεν μπορούσαν να δεχτούν, ήταν ότι διάβαζα περισσότερο και πιο γρήγορα από οποιονδήποτε άλλον. Έχοντας συμμετάσχει σε πολλές θρησκευτικές ομάδες και έχοντας μιλήσει με θρησκευόμενους ανθρώπους από όλο τον κόσμο, μπορώ να καταλάβω τις έννοιες με τις οποίες δυσκολεύονται, ειδικά αν δεν έχουν ταξιδέψει πολύ. Το μεγάλο μυστικό είναι να διαβάζετε, να μιλάτε και να καταλαβαίνετε! Το μεγαλύτερο μυστικό μου ήταν κρυμμένο από την άγνοιά τους, κρυμμένο από τον εγωισμό τους.

Αυτό που πραγματικά με προβλημάτισε ήταν ότι αντί να μάθουν από εμένα και να διορθωθούν, μου έλεγαν συνεχώς ότι είχα ισχυρό εγωισμό και ότι έπρεπε να τον ξεπεράσω για να αναληφθώ. Να ανέβω σε τι; Στις δικές τους ψευδαισθήσεις; Δεν ξέρουν τίποτα! Είναι αλαζόνες και αδαείς, αλλά το χειρότερο είναι ότι δεν έχουν επίγνωση της άγνοιάς τους και δεν είναι σε θέση να την παραδεχτούν. Αυτός είναι ο πραγματικός εγωκεντρισμός: η πεποίθηση ότι η δική μας γνώμη είναι πιο έγκυρη από την προθυμία να μάθουμε από κάποιον που έχει μελετήσει πολλές θρησκείες και έχει γράψει εκατοντάδες βιβλία.

Αν αυτοί οι άνθρωποι καταλάβαιναν την επιστήμη, θα ήξεραν ότι δεν μπορείς να εξαλείψεις το εγώ- πρέπει να το ξεπεράσεις με το υπερεγώ, μια έννοια που μάλλον τους είναι άγνωστη, επειδή διαβάζουν μόνο μυθοπλασία. Αυτή είναι μια ψευδαίσθηση κοινή σε όλες τις θρησκείες, κατά την οποία οι άνθρωποι πιστεύουν ότι οι δηλώσεις τους ισχύουν μόνο και μόνο επειδή πολλοί ανόητοι άνθρωποι λένε το ίδιο πράγμα. Ωστόσο, δεν πρέπει να συγχέετε τις αρχαίες ομάδες με τις σημερινές.

Δεν νομίζω ότι έχουν απομείνει πραγματικοί μασόνοι ή ροδόσταυροι. Ομοίως, δεν θα βρείτε καμία θρησκεία ως κύριο θέμα στα γραπτά μου, επειδή αυτά που συζητώ ξεπερνούν γήινα θέματα, ηπείρους ή πολιτισμούς. Γράφω για άλλους, πιο εξελιγμένους κόσμους, γι' αυτό και μπορώ να καταλάβω οποιαδήποτε θρησκεία. Οι άλλοι δεν μπορούν να κάνουν αυτό που κάνω εγώ, γι' αυτό υποθέτουν ότι ανήκω σε μια ομάδα που δεν έχουν συναντήσει ποτέ, παρόλο που αρνούνται να μάθουν από μένα.

Κεφάλαιο 4:
Η πολιτισμική διαμόρφωση και οι επιπτώσεις της

Οι άνθρωποι συχνά βλέπουν τον κόσμο με βάση εγωκεντρικές υποθέσεις, γεγονός που τους εμποδίζει να κατανοήσουν τις γνώσεις μου. Αυτά που γνωρίζω υπερβαίνουν τις γήινες πραγματικότητες και εννοιολογήσεις, γεγονός που καθιστά δύσκολο για τους περισσότερους να τα κατανοήσουν ή να τα αποδεχτούν. Πολλοί υποθέτουν ότι τα γραπτά μου είναι απλώς προσωπικές απόψεις ή αντανακλάσεις της ταυτότητάς μου. Ο καθένας προσπαθεί να με ορίσει από τη δική του οπτική γωνία, γεγονός που οδηγεί σε παράλογα συμπεράσματα. Ωστόσο, η αλήθεια δεν είναι κάτι που κατέχετε ή πιστεύετε, αλλά κάτι που βλέπετε και εφαρμόζετε. Κανείς δεν κατέχει την αλήθεια, αλλά όλοι έχουν τη δυνατότητα να την κατανοήσουν.

Σε αντίθεση με ό,τι προτείνουν πολλές θρησκείες, φιλοσοφίες ή γκουρού, μπορείτε να χρησιμοποιήσετε τις γνώσεις μου για να κατανοήσετε διάφορους τομείς, συμπεριλαμβανομένης της θρησκείας και της επιστήμης. Οι γνώσεις μου είναι επίσης εφαρμόσιμες στην εκπαίδευση και τις επιχειρήσεις. Πολλοί έχουν γίνει επιτυχημένοι εφαρμόζοντας αυτές τις αρχές, και οι μαθητές μου έχουν διαπρέψει χρησιμοποιώντας αυτές τις γνώσεις για να μάθουν πιο αποτελεσματικά. Καθώς εξερευνείτε τα γραπτά μου, θα παρατηρήσετε ότι είναι εκτεταμένα, τόσο πολύ που κάποιοι με έχουν κατηγορήσει για λογοκλοπή. Αλλά από πού θα μπορούσα να κλέψω;

Προκαλώ αυτούς που με προσβάλλουν να αποδείξουν τις κατηγορίες τους. Ποτέ δεν το έχουν κάνει, διότι κανένα βιβλίο σε αυτόν τον πλανήτη δεν περιέχει αυτά που διδάσκω. Αν και πολλοί αντιγράφουν τις ιδέες μου, δεν μπορούν να τις εξηγήσουν όπως εγώ, επειδή δεν καταλαβαίνουν πώς και γιατί λειτουργούν. Δεν παύει ποτέ να με εκπλήσσει το γεγονός ότι οι άνθρωποι θαυμάζουν εκείνους που λογοκλοπούν το έργο μου, αλλά με αποκαλούν ψεύτη και κλέφτη. Είναι πραγματικά εκπληκτικό το πόσο χαμένοι είναι οι άνθρωποι.

Το ερώτημα «Γιατί εγώ;» είναι δύσκολο να απαντηθεί. Αν προσπαθήσετε να με καταλάβετε με βάση τον τόπο γέννησης, το υπόβαθρο, την εμφάνιση, το χρώμα του δέρματος ή τις αναγνωστικές μου συνήθειες, δεν θα τα καταφέρετε. Αυτός είναι ο πιο συνηθισμένος τρόπος για να προσπαθήσετε να με γνωρίσετε. Ένας τρόπος να απαντήσετε σε αυτή την ερώτηση περιλαμβάνει τη μετενσάρκωση, τόσο σε αυτό το πεδίο όσο και σε άλλα. Ένας άλλος αφορά τα ηθικά επίπεδα.

Όσοι κατανοούν αυτά τα ζητήματα έχουν μια εικόνα της πραγματικής μου ταυτότητας. Επιπλέον, η πνευματική εξέλιξη είναι ένα ευαίσθητο θέμα για πολλούς, και είναι δυνατόν να μετρηθεί το πνευματικό επίπεδο ενός ατόμου. Το σύστημα των τσάκρα είναι ένα παράδειγμα.

Τα υψηλά πνευματικά όντα τείνουν να είναι δημιουργικά και να σκέφτονται διαφορετικά, εστιάζοντας στα συναισθήματα και υιοθετώντας μια σφαιρική προοπτική. Αντιλαμβάνονται περισσότερο από τους περισσότερους, επειδή αισθάνονται τόσο τα καλά όσο και τα κακά πράγματα βαθιά στα ανώτερα τσάκρα τους. Ένα πνευματικό ον αντιμετωπίζει επίσης προβλήματα και ανησυχίες, αλλά διαφορετικής φύσης.

Δεν είναι δυνατόν να είναι κανείς πιο πνευματικός και να μην αντιμετωπίζει προκλήσεις. Στα υψηλότερα πνευματικά επίπεδα, αντιμετωπίζουμε ζητήματα που οι άλλοι δεν καταλαβαίνουν ή δεν θέλουν να καταλάβουν, όπως το πώς οι δαίμονες διεισδύουν στα σώματα των αδαών ανθρώπων και τα χρησιμοποιούν για να σας βλάψουν. Αν το μοιραστείτε αυτό με άλλους ανθρώπους, συμπεριλαμβανομένων των ιερέων, μπορεί να νομίζουν ότι το φαντάζεστε. Το πιο ενδιαφέρον είναι ότι αν τους το δείξετε, μπορεί να αρνηθούν αυτό που βλέπουν και να σας αποφύγουν. Γνωρίζω κάποια που κάποτε τηλεφώνησε σε έναν ιερέα από φόβο δαιμονικής κατοχής και εκείνος δεν απάντησε ποτέ στις κλήσεις της.

Οι άνθρωποι συχνά ρωτούν: «Αν υπάρχει μία αλήθεια, γιατί όλες οι θρησκείες την εκφράζουν με διαφορετικούς τρόπους;» Πριν απαντήσουμε, πρέπει να αναγνωρίσουμε ότι, σε αυτόν τον κόσμο της τρέλας, ο Θεός δεν είναι χριστιανός. Δεν υπάρχει καμία απόδειξη ότι έχει δηλώσει ότι είναι χριστιανός. Οι χριστιανοί είναι χριστιανοί. Επιπλέον, αν ο Θεός επέλεγε τον λαό του, δεν θα είχε κανένα νόημα να επιλέξει αλαζονικά, δόλια, υποκριτικά, ρατσιστικά ή κυνικά άτομα. Έτσι, μεταξύ ενός ρατσιστή χριστιανού, ενός δογματικού ινδουιστή και ενός ανιδιοτελούς, τίμιου, ευγενικού και εργατικού μουσουλμάνου, πιστεύω ότι ο Θεός θα επέλεγε τον μουσουλμάνο. Το ίδιο ισχύει και αν αυτές οι ιδιότητες βρίσκονται σε έναν Βουδιστή, Ινδουιστή κ.λπ.

Οι θρησκείες προσφέρουν μονοπάτια, αλλά τα δόγματα δεν οδηγούν πουθενά. Γι' αυτό ο Θεός εμπνέει συνεχώς νέες θρησκείες για να διορθώσει τα λάθη των παλαιών και τις διαστροφές της ανθρωπότητας. Οι θρησκείες είναι ερμηνείες του μηνύματος του Θεού, οπότε είναι λογικό να εξελίσσονται και κάποιες να εξαφανίζονται με την πάροδο του χρόνου. Στο υψηλότερο επίπεδο συνείδησης, συνειδητοποιεί κανείς ότι ο παγανισμός, ο γνωστικισμός, ο χριστιανισμός, το Ισλάμ, ο ινδουισμός και ο βουδισμός είναι ουσιαστικά η ίδια θρησκεία. Δεν υπάρχει καμία διαφορά στην προέλευσή τους ή σε αυτό που προσπαθούν να εξηγήσουν.

Κεφάλαιο 5:
Η αναζήτηση
της πνευματικής
διαύγειας

Ό ταν ένας γκουρού αποκτά γνώσεις για άλλες θρησκείες, επαναλαμβάνει τα ίδια πράγματα με τα δικά του λόγια. Το πραγματικό πρόβλημα είναι όταν ένα άτομο είναι τόσο ηλίθιο ή κακό που δεν μπορεί να αντιγράψει σωστά και να εξηγήσει σωστά. Τότε οι οπαδοί τους παραστρατούν και απομακρύνονται από την αλήθεια. Αυτό είναι το πρόβλημα με πολλούς σύγχρονους πνευματικούς ηγέτες, επειδή οδηγούν τους ανθρώπους πιο μακριά από την αλήθεια με όμορφες θεωρίες που δεν έχουν καμία πρακτική εφαρμογή. Αυτοί οι άνθρωποι θα μπορούσαν να ακολουθήσουν την επιστήμη, φτάνοντας λίγο πιο κοντά στην αλήθεια, ή ακόμα και την τέχνη ή να ζήσουν κοντά στη φύση, αλλά για λόγους που δεν μπορώ να εξηγήσω εδώ, επιλέγουν την τρέλα σε αναζήτηση απαντήσεων. Κάποιες ανοησίες είναι τόσο βασικές που πρέπει να σου λείπει η κοινή λογική για να τις πιστέψεις, όπως όταν κάποιος λέει ότι πρέπει να αγνοήσεις τον εγωισμό σου.

Με βάση τη δική μου εμπειρία ζωής και όσα γνωρίζω για την ψυχολογία, δεν μπορώ να πω σε ένα παιδί: «Δεν είσαι ηλίθιος, απλώς έχεις πρόβλημα με το εγώ σου! Εξάλειψε το εγώ, μείνε στην παρούσα στιγμή και όλα θα πάνε καλά!» Αυτό δεν θα λύσει τα προβλήματά του. Και πάλι θα αποτύχει στις εξετάσεις. Είναι μια ηλίθια ιδέα. Ωστόσο, οι άνθρωποι αγαπούν αυτή την ιδέα και δεν την αμφισβητούν. Η αλήθεια είναι ότι ο μόνος τρόπος για να βοηθήσετε ένα παιδί να αντιμετωπίσει και να αποδεχτεί το εγώ του είναι να το αφήσετε να μιλήσει για αυτά που βλέπει και σκέφτεται.

Με τους ενήλικες, η κατάσταση είναι πολύ διαφορετική, καθώς τείνουν να είναι πιο αγενείς και πιο εγωιστές. Ωστόσο, δεν μπορείτε να αγνοήσετε το εγώ τους ή να τα κάνετε να το αγνοήσουν βοηθώντας τα. Οι ενήλικες είναι πιο περίπλοκοι επειδή είναι πεισματάρηδες, αλλά αυτό το πείσμα είναι εκδήλωση της έλλειψης αυτογνωσίας και όχι ανάγκη να αγνοήσετε την αυτογνωσία. Αυτή η ανάγκη για περισσότερη επίγνωση σχετίζεται με την Εποχή του Υδροχόου, η οποία ξεκίνησε πρόσφατα στη Γη. Ωστόσο, οι αποκαλύψεις μπορούν να έρθουν μόνο μέσω εκείνων που λένε την αλήθεια και των βιβλίων τους. Επομένως, αν τα βιβλία δεν διαβάζονται και οι άνθρωποι αγνοούνται, η Εποχή του Υδροχόου δεν θα είναι τίποτα άλλο παρά περισσότερα δεινά για τους ανθρώπους, καθώς σηματοδοτεί το τέλος μιας άλλης εποχής: των Ιχθύων. Βασικά, τα μυστικά του παρελθόντος είναι πλέον διαθέσιμα σε όσους τα θέλουν, οπότε δεν υπάρχουν πλέον μυστικά, εκτός από την έλλειψη προσωπικού ενδιαφέροντος για τη γνώση τους. Ωστόσο, κάποιοι άνθρωποι κοιτάζουν τα βιβλία που περιγράφουν την αλήθεια και δεν βλέπουν τίποτα, ενώ άλλοι κοιτάζουν τα ίδια βιβλία και βλέπουν τα πάντα.

Πολλοί άνθρωποι επίσης κολλάνε σε ψευδείς ιδέες που προωθούνται και στη συνέχεια δεν μπορούν να σκεφτούν μόνοι τους. Ενσωματώνουν αυτές τις ιδέες και ζουν με αυτές και στη συνέχεια παθιάζονται τόσο πολύ με τα δικά τους δόγματα που νομίζουν ότι κάνω λάθος και δεν μπορούν να δουν ότι εξακολουθούν να αναζητούν τις ίδιες απαντήσεις μέσα στο πλαίσιο των πεποιθήσεών τους. Αν δεν μπορείς να δεις καλά με τα γυαλιά που έχεις, μην πεις ότι η πραγματικότητα είναι παραμορφωμένη, αλλά ότι χρειάζεσαι καλύτερα γυαλιά. Αν τα γυαλιά που αγοράσατε δεν είναι αρκετά καλά, δεν κατηγορείτε το άτομο που σας πούλησε καλύτερα γυαλιά, αλλά το άτομο που σας πούλησε τα λάθος γυαλιά. Μπορούμε λοιπόν να πούμε ότι υπάρχει μια προβλεψιμότητα στους κοινωνικούς μηχανισμούς των επιλογών και των πεποιθήσεων ενός λαού.

Οι πληροφορίες που βρίσκουν οι άνθρωποι στα βιβλία και το ποιοι είναι είναι το ίδιο πράγμα. Γίνεσαι ικανός να δεις όταν αυτό που βλέπεις αντιστοιχεί σε αυτό που είσαι σε θέση να καταλάβεις. Όταν συμβαίνει αυτό, γίνεσαι αυτό που αφομοιώνεις. Και δεν είναι δυνατόν να μάθεις και να ξεμάθεις, εκτός αν μιλάμε για κάτι που ανήκει στη σφαίρα της υπόθεσης, της γνώμης ή της φιλοσοφικής υπόθεσης. Όταν είστε σε θέση να δείτε κάτι καινούργιο, δεν μπορείτε να σταματήσετε να το βλέπετε, και αυτό εννοούμε με τον όρο αντίληψη και επίγνωση, γιατί είναι η ικανότητα να βλέπετε περισσότερα. Η πραγματικότητα και εσείς δεν είναι χωριστά, οπότε αποκτώντας περισσότερη πραγματικότητα, δηλαδή μαθαίνοντας περισσότερα για αυτό που βρίσκεται μπροστά σας, γίνεστε πιο πραγματικοί, εκδηλώνοντας τον εαυτό σας μέσω της πνευματικής σας ταυτότητας. Το ένα δεν υπάρχει χωρίς το άλλο.

Καθώς η συνειδητότητά σας διευρύνεται, μπορείτε να δείτε την αξία πίσω από τις λέξεις που ακούτε ή διαβάζετε, επειδή έχετε ήδη μέσα σας τη δυνατότητα να παρατηρείτε τις ενεργειακές ροές- διαφορετικά, οι λέξεις δεν θα είχαν κανένα νόημα για εσάς. Ωστόσο, ένα από τα προβλήματα με το εκπαιδευτικό σύστημα είναι ότι αναγκάζει τους μαθητές να αφομοιώσουν νοήματα που δεν μπορούν καν να δουν στον κόσμο, επειδή δεν είναι αρκετά ώριμοι ή έμπειροι για να αφομοιώσουν αυτά τα νέα σύμβολα, μοτίβα ή ακόμα και αλήθειες. Τα αποτελέσματα μιας ψευδούς εκπαίδευσης καταλήγουν να είναι ακριβώς τα αντίθετα από αυτά που προτείνει. Με την πάροδο του χρόνου, οι περισσότεροι άνθρωποι αποσυνδέονται από αυτό που θα έπρεπε να κάνουν συνεχώς για να βελτιώσουν τα αποτελέσματά τους στη ζωή, επειδή είναι τόσο αδιάφοροι για τη γνώση, τα βιβλία και τη μάθηση. Αυτός είναι ο λόγος για τον οποίο οι περισσότεροι άνθρωποι είναι τόσο προβλέψιμοι.

Η εξέλιξη, η οποία θα έπρεπε να είναι μια ευχάριστη και συναρπαστική δραστηριότητα, γίνεται μια οδυνηρή εμπειρία για πολλούς και πράγματα που θα έπρεπε να είναι λιγότερο σημαντικά, όπως τα πάρτι, γίνονται τα πιο σημαντικά. Οι περισσότεροι άνθρωποι φοβούνται τόσο πολύ την ύπαρξη που θέλουν απλώς να διασκεδάσουν, να μεθύσουν και να παραμείνουν αναίσθητοι και αφηρημένοι για όσο το δυνατόν μεγαλύτερο χρονικό διάστημα. Αυτός δεν είναι καλύτερος τρόπος ζωής, αλλά απλώς ένας τρόπος να σπαταλούν περισσότερο από τον πολύτιμο χρόνο τους στη ζωή, επειδή δεν μπορούν να αντιμετωπίσουν τα νοήματα πέρα από το πραγματικό του ορατού κόσμου. Είναι ένας τρόπος παραίτησης από τον εαυτό τους και έκφρασης μιας έλλειψης αυτοεκτίμησης, έστω και κρυμμένης πίσω από στρώματα κοινωνικής επικύρωσης.

Κεφάλαιο 6: Η φύση της ανθρώπινης συμπεριφοράς

Οι άνθρωποι απέχουν τόσο πολύ από την αλήθεια που δεν έχουν καμία συμπόνια γι' αυτήν. Η ζωή τους περιστρέφεται γύρω από έναν συνεχή ανταγωνισμό για ευχαρίστηση και έγκριση, αντί για αναζήτηση βαθύτερου νοήματος. Αυτό είναι εμφανές στις επιλογές τους, οι οποίες είναι συχνά εγωιστικές, επιφανειακές και βασίζονται στην εμφάνιση ή στις γνώμες των άλλων, ή μερικές φορές σε τίποτα απολύτως: κανένα βιβλίο, καμία αλλαγή, καμία πρόκληση, μόνο οι γνώμες στο κεφάλι τους, τις οποίες εκτιμούν όσο και όλη τη γνώση του κόσμου. Αυτή η γνωστική τεμπελιά αντανακλάται στην εμμονή τους με τις γρήγορες λύσεις. Όλοι κυνηγούν το χρήμα, το οποίο απαιτεί λίγη προσπάθεια, και τις σχέσεις, οι οποίες δεν απαιτούν συντήρηση. Όσοι αποκτούν αυτά τα πράγματα θεωρούνται τυχεροί, πηγή φθόνου ή και μίσους.

Όταν όλα τα άλλα αποτυγχάνουν, οι άνθρωποι στρέφονται στην ψυχολογία για απαντήσεις ή σε βιβλία αυτοβοήθειας και περιοδικά γεμάτα απόψεις που αντανακλούν το δικό τους εγώ. Αυτές οι πηγές προσφέρουν μόνο βραχυπρόθεσμες λύσεις, αλλά επειδή οι άνθρωποι επικεντρώνονται στο παρόν, αγνοούν τις μακροπρόθεσμες συνέπειες. Στην πραγματικότητα, η ωριμότητα ενός ατόμου μπορεί να μετρηθεί από το επίπεδο πειθαρχίας που διατηρεί. Για παράδειγμα, ο κύριος στόχος ενός ανώριμου ατόμου μπορεί να είναι να σηκώνεται νωρίς και να κερδίζει αρκετά χρήματα για να φάει σε ένα ποιοτικό εστιατόριο. Αντίθετα, ένα ώριμο άτομο υπομένει μεγάλες περιόδους μοναξιάς και επιδιώκει στόχους που μπορεί να χρειαστούν χρόνια για να επιτευχθούν.

Λόγω της εγωιστικής τους φύσης, οι άνθρωποι έλκονται από αυτό που μπορούν να χρησιμοποιήσουν εναντίον των άλλων, συχνά το μόνο πράγμα που διαβάζουν σε ολόκληρη τη ζωή τους. Τα πιο κακόβουλα άτομα απολαμβάνουν την τέχνη του να βλάπτουν και να προδίδουν τους άλλους χωρίς συνέπειες, επειδή βλέπουν τον κόσμο ως ένα μέρος με συνεχή φόβο απώλειας. Βλέπουν τον κόσμο μέσα από περιορισμένα φυσικά πρότυπα. Εξακολουθεί να είναι μυστήριο για μένα πώς αυτοί οι κακοί άνθρωποι πετυχαίνουν, αλλά συνήθως το κάνουν επειδή η υπόλοιπη ανθρωπότητα τείνει να είναι απλοϊκή, αφελής ή εγωιστική. Εκμεταλλεύονται αυτή την έλλειψη ενδιαφέροντος για τους άλλους.

Για παράδειγμα, ήξερα κάποιον που ήταν εξαιρετικά χειριστικός. Είχε εμμονή με τον έλεγχο του νου και διέπρεψε στο να εξαπατά τους πάντες γύρω της. Βρήκα την προσωπικότητά της συναρπαστική, γιατί άνθρωποι σαν κι αυτήν με έκαναν να δω την ανθρωπότητα διαφορετικά. Είχα μπερδευτεί, και οι συζητήσεις μας για την ανθρώπινη συμπεριφορά μας έφεραν πιο κοντά, παρόλο που ερμηνεύαμε τα ίδια πράγματα με διαφορετικό τρόπο. Αυτό που με γοήτευε περισσότερο ήταν το πόσο ακριβής ήταν για όλους, παρόλο που τα συμπεράσματά της συχνά μου φαίνονταν παράλογα.

Καταλάβαινε ότι όλοι έχουν κίνητρα το σεξ και το χρήμα και θα κάνουν τα πάντα για να τα αποκτήσουν και τα δύο.

Μπορείτε να αποφύγετε αυτούς τους ανθρώπους, αλλά η αλήθεια είναι ότι δεν μπορείτε να μετράτε τους άλλους με τα ίδια εργαλεία που χρησιμοποιείτε για τον εαυτό σας. Αν δεν καθοδηγείσαι από εγωιστικά κίνητρα, δεν βλέπεις την κοινωνία ως παιχνίδι ή ανταγωνισμό και δεν είσαι πρόθυμος να αμαυρώσεις τη φήμη κάποιου για να πάρεις μια δουλειά, θα νιώθεις πάντα μπερδεμένος με αυτόν τον κόσμο, επειδή κυριαρχείται από αυτές τις προσωπικότητες. Οι άλλοι είναι τόσο επικεντρωμένοι στη δική τους επιβίωση που δεν μπορούν να δουν τον λύκο να μπαίνει στο matrix τους. Όταν ο λύκος στοχεύει ένα από τα πρόβατα, το αγνοούν και σκέφτονται: «Ευτυχώς που δεν ήμουν εγώ». Έτσι, αυτοί οι λύκοι συνεχίζουν να καταστρέφουν τους καλύτερους ανάμεσά μας, κρατώντας όλους τους άλλους μέσα στα όρια της κοινωνικής αποδοχής.

Δεν μπορείς να είσαι πολύ καλός ή πολύ κακός, αλλιώς θα σου επιτεθούν αυτοί οι λύκοι. Αν είσαι πολύ καλός, θα θεωρηθείς απειλή. Αν δεν μπορείς να ηττηθείς άμεσα, θα δεχτείς επίθεση έμμεσα, με τόσα πολλά ψέματα για να αμαυρωθεί το όνομά σου που δεν θα έχεις την ευκαιρία να υπερασπιστείς τον εαυτό σου. Είναι σαν να προσπαθείς να δεχτείς χίλια βέλη ταυτόχρονα. Αν σας θεωρούν αδύναμους ή απρόθυμους να αντισταθείτε, θα υποστείτε bullying, είτε αυτό είναι ψυχολογικό, συναισθηματικό ή σωματικό.

Οι άνθρωποι που υφίστανται εκφοβισμό δεν είναι απαραίτητα κατώτεροι- είναι απλώς διαφορετικοί και γι' αυτό ξεχωρίζουν. Αυτή η διαφορετικότητα είναι απαράδεκτη σε μια κοινωνία που κυριαρχείται από φαύλους λύκους. Δεν μπορείς να είσαι καλό πρόβατο αν είσαι διαφορετικός, αν σκέφτεσαι πολύ, αν βλέπεις πολύ, αν φαίνεσαι διαφορετικός ή αν κάνεις άβολες ερωτήσεις. Από την άλλη πλευρά, δεν είσαι ποτέ αρκετά δυνατός για να αντισταθείς σε μια τέτοια κοινωνία. Έχω δει συχνά ανθρώπους να λένε ψέματα για αυτά που βλέπουν για να αποφύγουν να γίνουν στόχος ναρκισσιστών, κοινωνιοπαθών και επιθετικών. Συνήθως, αυτά τα άτομα συναναστρέφονται με ανθρώπους που μπορούν να τους χρησιμοποιήσουν εναντίον σας, ειδικά αν γνωρίζουν ότι δεν μπορείτε να τους αντιμετωπίσετε άμεσα. Αυτό σημαίνει ότι λέτε ψέματα για τον εαυτό σας σε κάποιον πιο ισχυρό ή με μεγαλύτερη επιρροή.

Κεφάλαιο 7: Η γνώση ως εργαλείο μετασχηματισμού

Λέγεται συχνά ότι όλοι οι άνθρωποι είναι ναρκισσιστές σε κάποιο βαθμό, αλλά διαφωνώ με αυτή την απλουστευτική άποψη για την ανθρωπότητα. Ενώ είναι αλήθεια ότι πολλοί καθοδηγούνται από εγωιστικά κίνητρα, που έχουν τις ρίζες τους στις βασικές ανάγκες της αναπαραγωγής, της τροφής και του ύπνου, αυτό δεν σημαίνει ότι όλοι λειτουργούν σε τόσο χαμηλό επίπεδο συνείδησης. Σημαίνει απλώς ότι λίγοι είναι πραγματικά αλτρουιστές ή δημιουργικοί. Στην ουσία, οι ναρκισσιστές ή τα άτομα με κακοήθη ναρκισσιστική διαταραχή προσωπικότητας, που καθοδηγούνται από μια καταναγκαστική ανάγκη για εξουσία και χειραγώγηση, ευδοκιμούν επειδή ο κόσμος αποτελείται σε μεγάλο βαθμό από ανθρώπους που έχουν εξίσου εμμονή με τις δικές τους ανάγκες. Είναι σαν να πετάς χαρταετό στον άνεμο του εγωισμού. Όπως ο χαρταετός, ο ναρκισσιστής είναι αδύναμος μόνος του, αλλά αρκετά έξυπνος για να πετύχει σε αυτό το περιβάλλον. Ωστόσο, όταν έρχεται αντιμέτωπος με κάποιον με ακεραιότητα, η τακτική του αποτυγχάνει και ο χαρταετός πέφτει στο έδαφος.

Η επικράτηση του κακού στον κόσμο πηγάζει από τον εγωισμό, την άγνοια και την έλλειψη ενσυναίσθησης της πλειοψηφίας απέναντι στα συμπονετικά άτομα. Όταν οι άνθρωποι κατηγορούν τους ηγέτες τους, θα πρέπει να αναλογιστούν τη δική τους άγνοια, την εξάρτησή τους από θέσεις εργασίας που ελέγχονται από αυτές τις προσωπικότητες, την επιλογή της ψήφου και την εξάρτηση από αυτές τις προσωπικότητες για να επιβιώσουν. Όταν τα πρόβατα χρειάζονται έναν λύκο για να επιβιώσουν, έχουν κατέβει στο χαμηλότερο επίπεδό τους και δεν θα ανυψωθούν μέχρι να αντιμετωπίσουν τον λύκο. Αυτή η αρχή ισχύει για όλες τις πτυχές της ζωής.

Η έλλειψη ενδιαφέροντος των μαζών για άτομα ανώτερης φύσης, όχι μόνο για ηγετικές θέσεις αλλά και ως ανάγκη για την επιβίωση, είναι εμφανής στη δυσφήμιση και τη δίωξη των τίμιων ανθρώπων. Αυτή η αδιαφορία αντικατοπτρίζεται επίσης στις αναγνωστικές τους επιλογές, καθώς αποφεύγουν υλικό που δεν ταιριάζει στην επιθετική ή αμυντική τακτική της ζωής τους. Τα περισσότερα δημοφιλή βιβλία εξυπηρετούν την επιθυμία του εγώ να προστατευτεί, αγνοώντας τις σκληρές πραγματικότητες, ή να κατακτήσει χωρίς ενσυναίσθηση, αντικατοπτρίζοντας τις διαστροφές που συναντώνται σε όλες τις θρησκείες και διαιωνίζονται από τους οπαδούς τους.

Μου πήρε καιρό να καταλάβω την ανθρώπινη φύση, αλλά τώρα αναγνωρίζω ότι περιλαμβάνει τον φθόνο, τις διακρίσεις, την αλαζονεία και τον εγωισμό. Οι άνθρωποι δυσανασχετούν με την ιδέα ότι κάποιος μπορεί να γνωρίζει περισσότερα από αυτούς, ακόμη και αν το άτομο αυτό έχει περάσει δεκαετίες διαλογισμού και μελέτης θρησκευτικών φιλοσοφιών, επειδή θεωρούν τους εαυτούς τους ανώτερους. Ωστόσο, είναι θεία ειρωνεία ότι ο Θεός στέλνει την αλήθεια Του μέσω εκείνων που ο κόσμος απορρίπτει, επειδή μέσα στην αλαζονεία τους δεν αναγνωρίζουν τους αγγελιοφόρους Του, ακόμη και όταν αυτοί παρέχουν τις απαντήσεις που όλοι χρειάζονται.

Αυτοί οι άνθρωποι μπορεί να ισχυρίζονται ότι λατρεύουν τον Θεό, αλλά στην πραγματικότητα λατρεύουν τον εαυτό τους. Η αντίληψή τους για τον Θεό είναι απατηλή και εγωιστική, μια αντανάκλαση της δικής τους ύπαρξης, και διαστρεβλώνουν τα πάντα για να εκπληρώσουν τις εγωιστικές τους ανάγκες. Αυτό είναι εμφανές όταν διαβάζουμε τα βιβλία τους, στα οποία οι πληροφορίες διαστρεβλώνονται για να εξυπηρετήσουν τη θέλησή τους. Αν ο υποστηρικτής μιας θρησκευτικής φιλοσοφίας είναι ακόμα ζωντανός, συνήθως εκδηλώνεται μια αυτοεκπληρούμενη προφητεία όταν έρχεται αντιμέτωπος με την πραγματικότητα.

Πρόσφατα το παρατήρησα αυτό σε άρθρα που επικρίνουν έναν σύγχρονο γκουρού: έναν νέο, όμορφο και διάσημο πνευματικό ηγέτη. Προσωπικά, δεν έχω καμία γνώμη γι' αυτόν ή άλλους σαν κι αυτόν, αν και μπορώ εύκολα να κρίνω το επίπεδο των γνώσεών τους. Αυτό που με ιντριγκάρει περισσότερο είναι οι οπαδοί του, καθώς και η περιέργειά μου για τους δικούς μου οπαδούς. Πολλοί ισχυρίζονται ότι εκφοβίζει τους οπαδούς του, τους προσβάλλει, επιδίδεται σε σεξουαλικές ατασθαλίες και άλλες διαστροφές. Ωστόσο, αυτό είναι ακριβώς αυτό που έψαχναν όταν επέτρεψαν στον εαυτό τους να πέσει στην παγίδα μιας ψευδαίσθησης που βασίζεται στην εμφάνιση. Κανείς δεν εξαπατάται περισσότερο από το ίδιο το άτομο.

Αυτοί οι άνθρωποι δεν θα με ακολουθούσαν ποτέ, επειδή αναζητούν έναν όμορφο, σύγχρονο Ιησού που τους χαμογελάει. Αυτός ο άνθρωπος είναι λευκός και ξανθός, τους χαμογελάει, οπότε πήραν αυτό που ήθελαν. Νομίζουν ότι το πρόβλημα είναι με τον γκουρού, αλλά το πρόβλημα είναι με τους οπαδούς. Με απλά λόγια, ένας ηγέτης χωρίς οπαδούς δεν είναι πραγματικά ηγέτης. Γίνεται αόρατος όταν δεν υπάρχει κανένας άλλος κάτω από την ηγεσία του. Οι άνθρωποι εκτιμούν τις ψευδαισθήσεις τους και πολλοί δημοφιλείς ηγέτες τους λένε ακριβώς αυτό που θέλουν να ακούσουν, κατευθύνοντας λανθασμένα το μίσος τους προς μια εξωτερική πηγή για να εκφράσουν την εσωτερική τους απογοήτευση και απογοήτευση για την έλλειψη διορατικότητας.

Οι ιστορίες για τις αιρέσεις και τον έλεγχο του νου αφορούν τελικά την έλλειψη διάκρισης. Δεν μπορείς να κάνεις πλύση εγκεφάλου σε κάποιον που σκέφτεται αποτελεσματικά, έχει διάκριση και αναλύει την πραγματικότητα με βάση τα παρατηρήσιμα γεγονότα και όχι τις επιφανειακές πτυχές, τις προσδοκίες, τις προσωπικές ανάγκες και τα συναισθήματα.

Κεφάλαιο 8: Οι κίνδυνοι του δόγματος

Οι περισσότεροι άνθρωποι αντιστέκονται στο να αναλάβουν την ευθύνη για τις επιλογές τους, και όσοι ακολουθούν γκουρού που δεν απαιτούν αυτή την ευθύνη συχνά τρέφουν έντονη εχθρότητα απέναντί μου. Φτάνουν στο σημείο να μου εύχονται κακό και θέλουν ακόμη και να με λιθοβολήσουν ή να με σταυρώσουν. Αν είχαν την ευκαιρία, θα μπορούσαν ακόμη και να με κάψουν ζωντανό. Αυτή η εχθρότητα προκύπτει επειδή τους αναγκάζω να αναλάβουν την ευθύνη για τις δικές τους πεποιθήσεις. Η εμμονή τους με τα παραμύθια και τον μυστικισμό τους οδηγεί στο να περιφρονούν οποιονδήποτε τους αναγκάζει να εξετάσουν τις συνέπειες τέτοιων συμπεριφορών. Έχω δει αυτό το μοτίβο τόσο συχνά που μπορώ να πω με ασφάλεια ότι η ανθρώπινη φύση δεν έχει αλλάξει πολύ στο πέρασμα των αιώνων. Αυτό είναι εμφανές στα επίμονα προβλήματα του ρατσισμού, της θρησκευτικής διαστροφής και της εμμονής στην απόλαυση που είναι συνυφασμένη με τις θρησκευτικές πρακτικές.

Οι ινδουιστικές, μουσουλμανικές και χριστιανικές γραφές δηλώνουν ρητά ότι ο Θεός αποκαλύπτει την αλήθεια σε όσους επιλέγει και την κρύβει από όσους επιλέγει να κρατήσει τυφλούς. Αυτό δεν είναι μόνο ζήτημα πίστης, αλλά και πνευματικής πρακτικής, γεγονός που υποδηλώνει την ανάγκη ηθικής ανύψωσης πριν από την κατανόηση της αλήθειας. Αν το έργο μου συνάδει με αυτή την αρχή και αν οι άνθρωποι ανακαλύπτουν τα λόγια μου αφού προσευχηθούν στον Θεό για απαντήσεις, τότε εκπληρώνω τον σκοπό μου. Διαφορετικά, δεν θα μπορέσω να επιτύχω την προβολή άλλων πνευματικών ηγετών που έχουν συγκεντρώσει οπαδούς και αναγνώστες.

Εξάλλου, η ζωή μου επηρεάζεται από τις αποφάσεις των άλλων ανθρώπων και οι μάζες συχνά δεν κατανοούν την αλήθεια. Γι' αυτό είμαι προσεκτικός όταν αναλύω τους δικούς μου οπαδούς. Βλέπω ότι προσελκύω τις καλύτερες ψυχές, και δεν θα ήμουν περήφανος να προσελκύσω ένα πλήθος ανόητων. Από την άλλη πλευρά, πολλοί δημοφιλείς γκουρού αντανακλούν το πνευματικό επίπεδο της πλειοψηφίας, έχοντας αποκτήσει φήμη ικανοποιώντας τις φαντασιώσεις τους. Μπορούμε να υποστηρίξουμε ότι αντιπροσωπεύουν ένα χαμηλότερο επίπεδο πνευματικότητας, αλλά στην πραγματικότητα συχνά οδηγούν τους ανθρώπους προς την αντίθετη κατεύθυνση.

Υπό αυτή την έννοια, πρέπει να πω ότι πολλοί άνθρωποι που αναζητούν την αλήθεια στην πραγματικότητα αναζητούν την αυτοκαταστροφή τους. Έχω συναντήσει πολλά από αυτά τα άτομα και εξακολουθώ να προβληματίζομαι από το γεγονός ότι οι μάζες τους εμπιστεύονται και τους ειδωλοποιούν σαν να είναι θεϊκές μορφές. Ένα κοινό μεταξύ αυτών των μορφών είναι το χρώμα του δέρματός τους· σπάνια βλέπω κάποιον να ακολουθεί έναν σκουρόχρωμο γκουρού, εκτός αν είναι Ινδός. Για κάποιο ανεξήγητο λόγο, οι άνθρωποι σε όλο τον κόσμο βλέπουν την Ινδία ως «εργοστάσιο γκουρού» και πιστεύουν ότι μόνο όσοι προέρχονται από αυτή την περιοχή μπορούν να είναι νόμιμοι γκουρού, εκτός αν είναι λευκοί. Αυτή η δυαδική προοπτική - σωστό και λάθος, αληθινό και ψευδές - αντανακλά έναν απλοϊκό τρόπο σκέψης που υιοθετείται από πολλούς ανθρώπους.

Άλλο πράγμα είναι να παρατηρείς συνηθισμένα άτομα να ακολουθούν παραπλανημένους ηγέτες και άλλο να τους ακούς να αναφέρονται σε μια ομάδα όπως οι Ροδόσταυροι. Αυτή η εμπειρία επιβεβαίωσε την πεποίθησή μου ότι περιβαλλόμουν από άγνοια. Δεν πηγαίνω στις συγκεντρώσεις των Ροδόσταυρων για να ακούσω ανοησίες, αλλά αυτό εξηγεί γιατί αντιμετώπισα τόση εχθρότητα από εκείνους που προωθούν αυτές τις ιδέες. Δεν έχουν την απαραίτητη διάκριση για να διακρίνουν τις ιδέες μου από τις ανοησίες που διαδίδονται, γεγονός που τους καθιστά ανίκανους να διακρίνουν την αλήθεια από το ψέμα.

Για να το καταλάβετε, φανταστείτε τον Ιησού να μπαίνει σε έναν ναό και να βλέπει τους ανθρώπους να λατρεύουν έναν πίνακα φτιαγμένο από ένα γουρούνι- έτσι ένιωσα εκείνη τη στιγμή. Ήταν η τελική επιβεβαίωση ότι βρισκόμουν ανάμεσα σε αδαείς ανθρώπους και ότι έπρεπε να φύγω. Μέχρι εκείνη τη στιγμή, είχα ανεχτεί τις ανόητες προσβολές τους και την εμμονή με το εγώ μου. Παρόλο που δεν μπορώ να χαρακτηρίσω τους ιστορικούς Ροδόσταυρους ως τρελούς, μπορώ να πω ότι πολλά σύγχρονα παρακλάδια είναι απίστευτα παραπλανημένα και μερικά πραγματικά αξίζουν αυτόν τον τίτλο.

Έχοντας συναναστραφεί με μέλη του Lectorium Rosicrucianum σε διάφορες χώρες, μπορώ με ασφάλεια να πω ότι έχουν απομακρυνθεί πολύ από την αληθινή ουσία του Ροδόσταυρου. Ο ιδρυτής αυτού του κινήματος ανέφερε ότι θα τελείωνε μετά από μερικές δεκαετίες, και συχνά αναρωτιέμαι αν πραγματικά άρχισε. Δεν πρέπει να συγχέουμε το παρελθόν με το παρόν απλώς και μόνο επειδή τα ονόματα παραμένουν τα ίδια. Οι πληροφορίες έχουν αλλοιωθεί ριζικά και, σε πολλές περιπτώσεις, καπελωθεί, επειδή υπάρχει μικρή συσχέτιση μεταξύ των αρχαίων ρευμάτων του μυστικισμού και των σύγχρονων ερμηνειών. Όταν οι μάζες εξιδανικεύουν τους παραπλανημένους, διαφθείρουν τις δικές τους ομάδες με αυτή την άγνοια και αποξενώνουν άτομα όπως εγώ με τις κρίσεις τους.

Ανεξάρτητα από τις προθέσεις των ιδρυτών πολλών αποκρυφιστικών και μυστικιστικών ομάδων, τα μέλη έχουν διαστρεβλώσει τα αρχικά νοήματα. Έχουν διαστρεβλωθεί, αλλοιωθεί και μετατραπεί σε κάτι παράλογο. Υπάρχει τόσο φως στους σύγχρονους λεγόμενους Ιλλουμινάτι όσο υπάρχει σε μια φωλιά φιδιών τη νύχτα. Είναι σοφότερο να αποφύγουμε αυτές τις ομάδες παρά να μπούμε σε αυτόν τον λάκκο του παραλογισμού, της αλαζονείας και της απόλυτης άγνοιας των ιερών κειμένων που μπορούμε να κατανοήσουμε καλύτερα μόνοι μας.

Από την άλλη πλευρά, είναι ενθαρρυντικό το γεγονός ότι πολλοί Τέκτονες αισθάνονται υποχρεωμένοι να διαβάσουν τα βιβλία μου και τα βρίσκουν χρήσιμα για την εξέλιξή τους. Τους σέβομαι για την ταπεινότητά τους να αναγνωρίζουν το προφανές και για την αξιοπρέπειά τους να το μοιράζονται μαζί μου, καθώς επιδεικνύουν μεγαλύτερη ικανότητα να διακρίνουν την αλήθεια από τα παραπλανημένα άτομα που έχω συναντήσει στον Ροδόσταυρο. Ωστόσο, δεν περίμενα να έχω τόσους πολλούς μασόνους μεταξύ των οπαδών μου. Αν και μπορώ να αναγνωρίζω αμέσως τους παραλογισμούς στα γραπτά και τις ομιλίες πολλών διάσημων γκουρού - μια ικανότητα που πάντα είχα - δεν περίμενα ποτέ ότι πολλοί θρησκευόμενοι άνθρωποι θα επέλεγαν να με προσβάλλουν επειδή διαφωνώ μαζί τους, αντί να εκτιμούν τις συνεισφορές που προσφέρω. Οι μοχθηρές αντιδράσεις τους αποκαλύπτουν την πραγματική τους φύση και θυμίζουν τον Μεσαίωνα, όταν άτομα σαν εμένα αντιμετώπιζαν τη γελοιοποίηση και τη βία από εκείνους που απειλούνταν από την αλήθεια.

Κεφάλαιο 9: Η αναζήτηση της αλήθειας

Πολλοί θρησκευόμενοι άνθρωποι με έχουν κατηγορήσει ότι έχω πρόβλημα εγωισμού ή ότι είμαι ναρκισσιστής. Το να προσβάλλεις κάποιον που διαφωνεί μαζί σου είναι εύκολο- δεν απαιτεί προβληματισμό, παραδοχή λάθους ή αλλαγή. Το να αλλάξεις μια ομάδα ανθρώπων εξαιτίας ενός ατόμου είναι απίθανο, αλλά σε κάνει να σκεφτείς την κατάσταση του κόσμου, όπου τίποτα δεν είναι αυτό που φαίνεται. Είμαι μοναδικός στο ότι δεν έχω γνωρίσει ποτέ κανέναν που να έχει διαβάσει τόσα πολλά διαφορετικά θρησκευτικά κείμενα και που να είναι ανοιχτός σε ανθρώπους με διαφορετικό θρησκευτικό υπόβαθρο.

Θα μπορούσα εύκολα να παρακολουθώ ταυτόχρονα διάφορες θρησκευτικές ομάδες για να καταλάβω τις προοπτικές τους. Ωστόσο, κάποιος με το δικό μου επίπεδο γνώσεων το βρίσκει δύσκολο, παρόλο που σέβομαι τις απόψεις τους και αποφεύγω να αναφέρω βιβλία εκτός του αποδεκτού κύκλου τους. Συχνά ενοχλούνται όταν χρησιμοποιώ τα δικά τους κείμενα για να τους διορθώσω. Αυτό μπορεί να είναι διασκεδαστικό, όπως όταν συνήθιζα να πειράζω τους σαϊεντολόγους λέγοντάς τους ότι έκαναν λάθος σύμφωνα με ένα συγκεκριμένο βιβλίο. Έψαχναν το βιβλίο, έβρισκαν τη σελίδα που ανέφερα και δεν μπορούσαν να καταλάβουν τίποτα. Τότε έλεγα: «Δεν μπορείτε να σκεφτείτε μόνοι σας; Συμφωνείτε ή διαφωνείτε με βάση αυτά που γράφονται, αλλά δεν ξέρετε τι είναι γραμμένο και γιατί. Θέλετε να μου πείτε τι είναι σωστό ή λάθος, αλλά δεν ξέρετε πώς. Θα μπορούσα να αλλάξω αυτό το βιβλίο και πάλι θα ακολουθούσατε ανοησίες».

Ποτέ δεν κατάλαβαν το επιχείρημά μου, παρόλο που τα βιβλία τους είναι γεμάτα λάθη, ένα πρόβλημα κοινό σε όλες τις θρησκείες. Έχω αποφύγει να κάνω αυτό το αστείο με άλλες ομάδες, επειδή συχνά στερείται καλού χιούμορ. Ωστόσο, ήμουν υπεύθυνος για πολλούς ηγέτες που επαναξιολόγησαν παλιά μαθήματα επισημαίνοντας τα λάθη τους. Συχνά, δεν χρειαζόταν να γνωρίζω τις σπουδές τους, χρειαζόταν απλώς να χρησιμοποιήσω την κοινή λογική, η οποία είναι τόσο σπάνια σε όλες τις θρησκείες. Έχω επίσης πιάσει πολλούς να χρησιμοποιούν τη θρησκευτική γνώση για να χειραγωγούν και να λένε ψέματα, διαστρεβλώνοντας πληροφορίες και παραποιώντας αποσπάσματα. Οι Ροδόσταυροι, ιδιαίτερα, συχνά παραπλανούν με λανθασμένες μεταφράσεις, ερμηνείες και αποδόσεις. Ωστόσο, αυτό δεν είναι τόσο κραυγαλέο όσο οι περίπλοκες ερμηνείες που κάνουν οι Χριστιανοί στη Βίβλο τους.

Η αποκάλυψη αυτών των προβλημάτων αύξησε μόνο την εχθρότητα απέναντί μου. Τίποτα δεν έχει αλλάξει- κανείς δεν έχει διαγραφεί ή αντικατασταθεί. Ωστόσο, έχω δει αρκετά για να συμπεράνω ότι το πρόβλημα έγκειται στην ανθρώπινη φύση, όχι στις θρησκευτικές ομάδες. Αν οι άνθρωποι μπορούσαν να δουν αυτά τα προβλήματα, θα εξαφανίζονταν εν μία νυκτί. Πιστεύω ότι ο πραγματικός φόβος για την ύπαρξη εξωγήινων είναι ο φόβος της έκθεσης. Οι άνθρωποι φοβούνται ότι τα λάθη και τα ψέματά τους θα αποκαλυφθούν από πιο προηγμένα όντα. Οι αντιδράσεις για τη μετενσάρκωση, την τηλεπάθεια ή το κάρμα πηγάζουν από τον ίδιο φόβο. Οι άνθρωποι απεχθάνονται αυτά τα θέματα επειδή εκθέτουν την υποκρισία και τα ιστορικά ψέματα.

Έχω επίσης παρατηρήσει ότι μερικοί άνθρωποι με αποφεύγουν επειδή νομίζουν ότι μπορώ να διαβάσω το μυαλό τους. Δεν αισθάνονται όλοι έτσι, αλλά εκείνοι που αισθάνονται έτσι δεν θέλουν ποτέ ξανά να βρεθούν κοντά μου. Η ανάγνωση του νου δεν θα έπρεπε να αποτελεί πρόβλημα, εκτός αν το άτομο έχει διεστραμμένες σκέψεις και προσπαθεί να χειραγωγήσει τις συζητήσεις, κάτι που είναι σύνηθες μεταξύ εκείνων που προσποιούνται τις κοινωνικές συναναστροφές και κρύβουν την αλήθεια. Δεν έχω κανένα πρόβλημα με κάποιον που διαβάζει το μυαλό μου, επειδή εκφράζω τις σκέψεις μου ανοιχτά. Ένα εξελιγμένο ον πρέπει να το κάνει αυτό, ακόμη και αν οι κακοπροαίρετοι το θεωρούν αφελές. Το πρόβλημα είναι ότι οι περισσότεροι άνθρωποι δεν εκφράζουν τις σκέψεις τους, οπότε με αποφεύγουν επειδή το κάνω. Δεν μπορούν να αντιμετωπίσουν το γεγονός ότι διατυπώνω τις σκέψεις τους, πράγμα που κάνω συχνά.

Αυτή είναι η πραγματικότητα: οι άνθρωποι λένε ψέματα, αποφεύγουν την αλήθεια και επιτίθενται σε όσους τους εκθέτουν. Έχουν εμμονή με τον εαυτό τους και δεν τους αρέσει η αλήθεια. Βιβλία όπως το δικό μου δεν τους ενδιαφέρουν, γιατί αναζητούν γρήγορες λύσεις που αρνούνται την ευθύνη ή τρόπους χειραγώγησης των άλλων. Αυτή η νοοτροπία του «εγώ εναντίον των άλλων» είναι ασύμβατη με ανώτερες καταστάσεις του νου, γεγονός που καθιστά τη θρησκεία τους δαιμονική.

Η ζωή προσφέρει πολλές ευκαιρίες για να δείτε την πραγματικότητα, αν είστε αρκετά δυνατοί για να την αντιμετωπίσετε. Με την πάροδο του χρόνου, έχω δει πράγματα που δεν περίμενα ποτέ να δω. Στην αναζήτησή μου για ομορφιά, βρήκα πολλή ασχήμια σε μέρη που ισχυρίζονται ότι είναι πνευματικά. Αυτό ισχύει για τους ανθρώπους που νομίζουμε ότι γνωρίζουμε και για το πόσο μακριά φανταζόμαστε ότι μπορούν να φτάσουν.

Για παράδειγμα, κάποτε αγόρασα ένα αεροπορικό εισιτήριο από το διαμέρισμα μιας πρώην φίλης μου και χρησιμοποίησα τον εκτυπωτή της. Βρήκα έναν περίεργο φάκελο με ανούσια ονόματα και τον άνοιξα. Μέσα υπήρχαν βιβλία για την κατασκοπεία, τον έλεγχο του νου, τον νευρογλωσσικό προγραμματισμό και δικά μου βιβλία. Πάντα απέρριπτε τα βιβλία μου ως σκουπίδια και φαντασία, αλλά τα αντέγραφε κρυφά. Γιατί να με επικρίνει και μετά να κλέβει τις ιδέες μου; Αυτό συνέβη αρκετές φορές. Συνειδητοποίησα ότι χρησιμοποιούσε τις πληροφορίες για να βελτιώσει τη ζωή της και κατέληξε να ανοίξει μια επιχείρηση στην Ελβετία βασισμένη σε αυτές.

Κεφάλαιο 1Ο:
Αλχημεία του νου

Σ το μυαλό ενός πραγματικά κακού ανθρώπου, η χρησιμότητα ενός σφυριού για την οικοδόμηση ενός σπιτιού επισκιάζεται από τη δυνατότητά του για καταστροφή. Το βλέπουν ως εργαλείο για να προκαλέσουν κακό, όπως ακριβώς χρησιμοποιούν σημαντικά βιβλία με κακόβουλη πρόθεση. Άνθρωποι με κακή φύση έχουν χρησιμοποιήσει τα γραπτά μου για να αποκτήσουν πλούτο, αγάπη και τη ζωή που επιθυμούν. Πολλοί συγγραφείς, όπως και εγώ, έχουν υποφέρει από το να βλέπουν πάρα πολλά, χωρίς ποτέ να έχουν την πρόθεση το έργο τους να βοηθήσει ανθρώπους με κακές προθέσεις. Πολλά από αυτά που μοιράστηκαν είχαν ως στόχο τη βελτίωση της κοινωνίας, αλλά οι καλοί άνθρωποι συχνά επιδεικνύουν υπερβολική καλοσύνη, αφέλεια και άγνοια για την αληθινή φύση των άλλων, ελπίζοντας πάντα για το καλύτερο, ενώ οι πιο κακοί προσπαθούν να ασκήσουν τα μεταφορικά σφυριά της καταστροφής.

Αυτός είναι ένας από τους λόγους ύπαρξης των μυστικών εταιρειών. Οι γνώσεις τους δεν προορίζονταν για τους κακούς, αλλά για να χρησιμοποιηθούν εναντίον τους και να βελτιώσουν τον κόσμο. Με την πάροδο του χρόνου, ωστόσο, αυτά τα κακόβουλα άτομα έχουν διεισδύσει σε όλους τους τομείς της κοινωνίας σαν παράσιτα και είναι πλέον παρόντα σε όλους τους κοινωνικούς κύκλους και τις θρησκείες. Από τη φύση τους, χρησιμοποιούν πληροφορίες άγνωστες στην πλειοψηφία για να καταστρέψουν τις ζωές των άλλων.

Στο παρελθόν, η βαρβαρότητα εκδηλωνόταν με επιθέσεις σε χωριά από ιππότες που λεηλατούσαν, έκαιγαν, βίαζαν και δολοφονούσαν. Σήμερα, το ίδιο πράγμα συμβαίνει με ένα χαμόγελο, ένα κοστούμι και την υποστήριξη κυβερνήσεων και θεσμών. Οι πιο βάρβαρες και κακές ψυχές εκπροσωπούν πλέον όλες τις θρησκείες, τις κοινωνικές ελίτ, τα πανεπιστήμια και τους κυβερνητικούς θεσμούς. Ο μόνος τρόπος για να εξαλειφθεί αυτή η ασθένεια είναι να τερματιστεί η μυστικότητα και να διαλυθούν τα θρησκευτικά ιδρύματα, όχι τα βιβλία τους, αλλά η θεσμική τους δύναμη. Στην πραγματικότητα, τα πιο μυστικά βιβλία θα πρέπει να δημοσιοποιηθούν και να είναι προσβάσιμα σε όλους.

Οι ταινίες και τα τηλεοπτικά προγράμματα συχνά απεικονίζουν με ακρίβεια τη σκληρότητα της ανθρωπότητας, αντανακλώντας την εμμονή μας με τέτοιες απεικονίσεις. Ωστόσο, η ανθρώπινη φύση παραμένει πρωτόγονη και, με πολλές κακές προσωπικότητες στην εξουσία, σε έναν κόσμο στον οποίο η πλειοψηφία ούτε διαβάζει ούτε αναζητά την αλήθεια, βρισκόμαστε πάντα στα πρόθυρα της οπισθοδρόμησης στον Μεσαίωνα, διαγράφοντας τη συλλογική μας μάθηση, όπως ακριβώς συνέβη με τις ξεχασμένες αρχαίες πόλεις ή με την πυρπόληση της Βιβλιοθήκης της Αλεξάνδρειας.

Είναι δύσκολο να κατανοήσουμε τις πράξεις των ανθρώπων, αλλά έχω μάθει ότι είναι κατά βάση εγωιστές και δρουν χωρίς να υπολογίζουν τους άλλους. Η συμπόνια είναι σπάνια. Κατά συνέπεια, η συγγραφή ενός βιβλίου και η καταπίεση των συναισθημάτων και των αναμνήσεων είναι μια πρόκληση. Πρέπει να προσέχω να μην αναφέρω χώρες ή άτομα που ήταν πολύ αδαείς για να προβλέψουν τις συνέπειες των πράξεών τους. Αλλά γιατί να λογοκρίνω τον εαυτό μου για να κρύψω την πραγματικότητα που βίωσα όταν ήρθα αντιμέτωπος με το κακό των άλλων; Αν δεν σας αρέσει αυτό που λέω γι' αυτούς, τη θρησκευτική τους ομάδα ή τη χώρα τους, δεν πρέπει να εμπλέκεστε σε τέτοιες ενέργειες. Αυτό θα έπρεπε να είναι εύκολα κατανοητό, αλλά η ανευθυνότητα και η ανωριμότητα τους τυφλώνουν σε δικαιολογίες και δικαιολογίες για τις παρανομίες τους.

Στρεφόμαστε συχνά στην ψυχολογία για να κατανοήσουμε την ανθρώπινη φύση, αλλά είναι συναρπαστικό να γνωρίζουμε ότι ξεκίνησε ως πνευματική επιστήμη. Οι πρώτοι ψυχολόγοι ήταν ινδουιστές ιερείς, σαμάνοι και αρχηγοί φυλών που έδιναν πνευματικές απαντήσεις μέσα από ιστορίες και θρύλους. Με τη θεσμοθέτηση του χριστιανισμού και άλλων θρησκειών, η αντιληπτή σοφία αυτών των ηγετών έγινε ζωτικής σημασίας και οι βασιλιάδες χρησιμοποίησαν αυτή τη γνώση για να ελέγχουν τον πληθυσμό. Όταν η ψυχολογία εμφανίστηκε ως επιστήμη της ψυχής, το αρνήθηκε κατά τη διάρκεια του Β' Παγκοσμίου Πολέμου, εστιάζοντας περισσότερο στον έλεγχο του πληθυσμού παρά στη θεραπεία.

Πολλοί από τους ιδρυτές της σύγχρονης ψυχολογίας πίστευαν ότι μπορούσαν να επαναπρογραμματίσουν την προσωπικότητα οποιουδήποτε μέσω πειραμάτων σε ζώα, καθώς το γνωστικό επίπεδο των περισσότερων ανθρώπων δεν ήταν προηγμένο. Αυτοί οι ψυχολόγοι, συνήθως από τη ναζιστική Γερμανία ή τη Σοβιετική Ρωσία, είχαν ως στόχο να αντικαταστήσουν τη θρησκεία με την επιστήμη για να βοηθήσουν τις τυραννικές κυβερνήσεις. Σε άλλες περιπτώσεις, οι έρευνες αποσκοπούσαν στη δημιουργία ιδανικών στρατιωτών. Ως αποτέλεσμα, μεγάλο μέρος της σημερινής ψυχολογίας έχει τις ρίζες του σε μελέτες ψυχολογικού και ομαδικού προγραμματισμού, συμπεριλαμβανομένου του νευρογλωσσικού προγραμματισμού, ο οποίος αργότερα έγινε ξεχωριστή επιστήμη.

Η ψυχολογία που είναι γνωστή στο κοινό υστερεί σε σχέση με τις στρατιωτικές έρευνες και τις έρευνες των μυστικών υπηρεσιών. Το ευρύ κοινό αγνοεί τον τηλεχειρισμό μέσω ραδιοσυχνοτήτων και την εμφύτευση εικόνων μέσω smartphones και πύργων Wi-Fi. Η έρευνα αυτή, που ξεκίνησε από τον Δρ José Manuel Rodriguez Delgado τη δεκαετία του 1950, συνεχίζεται μέχρι σήμερα, με τα αποτελέσματα να παραμένουν εμπιστευτικά, παρά την απειλή για τα ατομικά δικαιώματα και τις ελευθερίες. Η τεχνητή νοημοσύνη επιδεινώνει αυτή την απειλή, καθώς η τεχνητή νοημοσύνη μπορεί να προσαρμόζεται με βάση τις ατομικές αντιδράσεις και καταλήγει να νικά τον καλύτερο σκακιστή στον κόσμο στη μάθηση.

Κεφάλαιο 11: Η διασύνδεση όλων των όντων

Καθώς οι επιστήμες του νου και του μαζικού ελέγχου επισημοποιήθηκαν και έγιναν σχετικά επιτυχείς, οι κυβερνήσεις σε όλο τον κόσμο άρχισαν να εξετάζουν τα αποτελέσματα και ιδιωτικά ιδρύματα με συμφέροντα άρχισαν να χρηματοδοτούν πανεπιστήμια για μελέτες που θα τους ωφελούσαν. Σήμερα, μπορούμε να πούμε ότι οι περισσότεροι καθηγητές νευρολογίας, ψυχιατρικής και ψυχολογίας εξυπηρετούν τα συμφέροντα των εταιρειών και όχι του κοινού. Δεν αποτελεί έκπληξη το γεγονός ότι οι άνθρωποι που πάσχουν από ψυχικές ασθένειες συχνά λαμβάνουν φάρμακα αντί να θεραπεύονται. Στη σημερινή κοινωνία, η φαρμακευτική αγωγή θεωρείται θεραπεία, επειδή μια υγιής κοινωνία δεν παράγει κέρδη. Από την άλλη πλευρά, μια καταθλιπτική κοινωνία είναι πιο πιθανό να καταναλώνει και να ξοδεύει χρήματα, γεγονός που ωφελεί το εμπόριο, το τραπεζικό σύστημα και τον ιατρικό τομέα. Σχηματίζονται συσχετισμοί γύρω από διάφορες ψυχικές ασθένειες, οι οποίοι διαιωνίζονται για να δικαιολογήσουν τα άλυτα κοινωνικά προβλήματα.

Από την έλευση των smartphones, το πρόβλημα των ψυχικών ασθενειών έχει επιδεινωθεί, επειδή οι άνθρωποι επηρεάζονται συνεχώς, χωρίς να το συνειδητοποιούν, από τις λέξεις που χρησιμοποιούν και τις πράξεις που κάνουν. Τα πάντα καταγράφονται από μια συσκευή που κουβαλούν παντού μαζί τους. Η τυραννία δεν είναι απαραίτητη αν οι άνθρωποι επιτρέπουν αυτό το επίπεδο παρακολούθησης στα σπίτια και την ιδιωτική τους ζωή.

Αυτό δεν σημαίνει ότι η ψυχολογία δεν έχει αξία, αλλά η αξία της έγκειται σε αυτό που εξετάζει, όχι στις μεθόδους που χρησιμοποιεί. Η εξέταση των ψυχολογικών τεστ μέσα από τον φακό των αρχαίων αρχών αποκαλύπτει ότι η βάση τους είναι η φυλετική συμπεριφορά και οι αρχαίες θρησκείες. Ο Σίγκμουντ Φρόιντ, για παράδειγμα, άντλησε τις ιδέες του για το υποσυνείδητο από ινδουιστικές γραφές ηλικίας άνω των πέντε χιλιάδων ετών. Αυτοί οι ψευδοεπιστήμονες έπρεπε να ξεκινήσουν από κάπου, και η εξέταση των πεποιθήσεών μας ως πλανητική φυλή ήταν η προσέγγιση που επέλεξαν, αν και οδήγησε την ανθρωπότητα σε μια διεστραμμένη μάλλον παρά ανοδική κατεύθυνση. Πολλοί επιστήμονες μπορεί να πιστεύουν ότι ανυψώνουν την ανθρωπότητα με τις θεωρίες τους, αλλά η εμπειρία δείχνει ότι οι άνθρωποι με χαμηλά ηθικά πρότυπα δεν μπορούν να ανυψώσουν το ηθικό επίπεδο των άλλων. Οι περισσότεροι ψυχολόγοι και ψυχίατροι που έχω γνωρίσει έχουν εγκαταλείψει την ιδέα της ανύψωσης των άλλων, επειδή γνωρίζουν από στατιστικές μελέτες ότι είναι πολύ δύσκολο και δεν ανταμείβεται οικονομικά, επειδή η κοινωνία εκτιμά το χρήμα έναντι αξιών που οι περισσότεροι άνθρωποι δεν εκτιμούν.

Προκειμένου να καταστήσουν την ψυχολογία μια αξιόπιστη επιστήμη, αυτοί οι ψευδοεπιστήμονες, αναζητώντας την ψυχή χωρίς να την αναγνωρίζουν, άρχισαν να διατυπώνουν θεωρίες για την ανθρώπινη συμπεριφορά. Διατύπωσαν θεωρίες, συνέκριναν τα αποτελέσματα και ανέπτυξαν περισσότερες θεωρίες. Η αξιοπιστία της ψυχολογίας προήλθε από τον έλεγχο των μεταβλητών και την ανάλυση αρκετά μεγάλων ομάδων ή τη χρήση ζώων. Έτσι, πολλά από αυτά που οι ψυχολόγοι θεωρούν σήμερα αληθινά προέρχονται από τη μελέτη αρουραίων, περιστεριών ή σκύλων.

Το εκπαιδευτικό σύστημα της τιμωρίας και της ανταμοιβής, με τα τεστ και τους βαθμούς, βασίζεται ουσιαστικά στις μελέτες του Pavlov με τα σκυλιά. Σε άλλες περιπτώσεις, ευάλωτοι πληθυσμοί έχουν μελετηθεί με ελάχιστη αποζημίωση. Επίσης, δεν είναι ευρέως γνωστό ότι οι ψυχίατροι συχνά χρησιμοποιούσαν τους ασθενείς τους σε πειράματα, διατυπώνοντας παράλογες θεωρίες και βασίζοντας τα συμπεράσματά τους σε αυτές. Αυτό είχε ως αποτέλεσμα μεθόδους όπως η λοβοτομή ή η θεραπεία με ηλεκτροσόκ, μεταξύ άλλων παρανοϊκών πρακτικών.

Είναι δίκαιο να πούμε ότι αυτά τα επαγγέλματα προσελκύουν μερικές από τις πιο ασταθείς προσωπικότητες της κοινωνίας και τα συμπεράσματά τους είναι συχνά παράλογα και γελοία. Ωστόσο, καθώς ωφελούν κυβερνήσεις και εταιρείες, μπορεί να χρειαστούν αιώνες ή μια κοινωνική κατάρρευση για να συνειδητοποιήσουμε ότι η ψυχολογία και η ψυχιατρική είναι απάτη σε καταστροφική, πλανητική κλίμακα. Η ψυχολογία σήμερα είναι τόσο έγκυρη όσο τα πειραματόζωα που μελετά, πράγμα που σημαίνει ότι έχει νόημα μόνο αν θεωρείτε τον εαυτό σας αρουραίο. Αν τα κίνητρά σας στη ζωή είναι το σεξ, ο ύπνος και το φαγητό, η ψυχολογία και πολλά βιβλία που εξυπηρετούν τα ένστικτά μας μπορεί να σας βγάζουν νόημα. Οι μάζες, που έχουν εμμονή με την επικύρωση, τείνουν να ενδιαφέρονται περισσότερο για θεωρίες που ευθυγραμμίζονται με τις απατηλές απόψεις τους για τη ζωή.

Κεφάλαιο 12: Πέρα από τον υλισμό

Οποιοδήποτε βιβλίο που υποδηλώνει ότι η απάθεια είναι ωφέλιμη, ότι τα άτομα δεν χρειάζεται να αναλαμβάνουν την ευθύνη για τις πράξεις τους, ότι ο Θεός ή το κάρμα είναι ψευδαισθήσεις ή ότι το φαγητό είναι η πιο σημαντική πτυχή της ζωής -ειδικά τα βιβλία συνταγών- θα είναι πάντα δημοφιλές στις μάζες. Αυτές οι θεωρίες μας λένε πολλά για το τι δεν πρέπει να κάνουμε ως άνθρωποι, αλλά τελικά εξυπηρετούν μόνο τα συμφέροντα των φαρμακευτικών εταιρειών. Αυτός είναι ο λόγος για τον οποίο πολλοί ψυχολόγοι είναι πιο χαμένοι από τους ασθενείς τους και καταφεύγουν σε λιγότερο αξιόπιστες πρακτικές.

Έχω γνωρίσει αρκετούς ψυχολόγους που ενσωματώνουν μαντεία και άλλες μυστικιστικές τέχνες στις θεραπείες τους, πιστεύοντας ειλικρινά ότι αυτές οι ανοησίες έχουν τόση εγκυρότητα όση και οι ακαδημαϊκές τους μελέτες. Κάποτε συνάντησα μια ψυχολόγο που ισχυριζόταν ότι χρησιμοποιούσε ρούνους για να κατανοήσει τη ζωή, κάτι που φαινόταν εξίσου λογικό με τις μεταπτυχιακές της σπουδές στην ψυχολογία. Σύμφωνα με την ίδια, οι ρούνοι ήταν πολύ χρήσιμοι.

Όταν ένα άτομο έχει ψυχικά προβλήματα, αναρωτιέμαι τι το ελκύει σε αυτές τις πρακτικές. Είναι σαν να περιμένεις από έναν σκύλο να γράψει ποίηση πατώντας κουμπιά με λέξεις. Αν και είναι μια υπέροχη ιδέα, ο σκύλος πρέπει να είναι πιο εξελιγμένος από την τεχνολογία που χρησιμοποιεί για να παράγει κάτι πρωτότυπο. Με άλλα λόγια, αυτό είναι απίθανο να συμβεί- η ψυχολογία θα παραμείνει πάντα μια θεμελιωδώς δογματική ψευδοεπιστήμη, με έντονα θρησκευτική στάση απέναντι στην κοινωνία. Το βλέπω αυτό στους φοιτητές σας, οι οποίοι, παρά τις περιορισμένες γνώσεις τους, συχνά υποθέτουν ότι γνωρίζουν περισσότερα από εμένα, παρά την εικοσαετή και πλέον εμπειρία μου σε τομείς που οι ψυχολόγοι μόλις και μετά βίας μπορούν να κατανοήσουν.

Σταμάτησα να εργάζομαι με μαθησιακές δυσκολίες όταν παρατήρησα μια σημαντική αύξηση της επιρροής των ψυχολόγων. Αντιτάχθηκαν στις φυσικές μεθόδους μου, έδειξαν απόλυτη περιφρόνηση για τα αποτελέσματά μου - σχεδόν 100% επιτυχία σε σύγκριση με τις συνεχείς αποτυχίες τους - δεν έδειξαν κανένα ενδιαφέρον να μάθουν από μένα, επειδή αυτό ερχόταν σε αντίθεση με τις πεποιθήσεις τους, και συχνά χρησιμοποιούσαν τους τίτλους τους για να αποκτήσουν κοινωνική αξιοπιστία σε αντίθεση με το έργο μου, το οποίο υποτιμούνταν από πολλούς.

Τα παιδιά με τα οποία δούλεψα αναγνώριζαν ότι οι φυσικές μου μέθοδοι, οι οποίες χρησιμοποιούσαν παιχνίδια και παιχνίδια, τα βοηθούσαν να μάθουν με πιο ευχάριστο τρόπο, σε αντίθεση με τα φάρμακα και άλλες εγκεφαλικές, χωρίς χαρά εκπαιδευτικές τεχνικές που χρησιμοποιούσαν οι ψυχολόγοι. Δεν μπορούσα να δουλέψω με παιδιά που έπαιρναν ναρκωτικά, τα οποία είχαν προδιάθεση για βίαιες αντιδράσεις λόγω των θεραπειών που είχαν λάβει. Για το λόγο αυτό, εγκατέλειψα τη δουλειά μου και αναζήτησα άλλες ευκαιρίες.

Αυτά τα παιδιά καταλάβαιναν ότι τα βοηθούσα πραγματικά- έβλεπαν τη νοημοσύνη τους να αυξάνεται, αλλά οι παραπλανημένοι γονείς τους απαγόρευαν να χρησιμοποιούν τις μεθόδους μου και τα ανάγκαζαν να παίρνουν φάρμακα και να υποβάλλονται σε κουραστικές και άσκοπες ασκήσεις. Ωστόσο, δεν μπορούμε να αλλάξουμε την κοινωνία αν οι άνθρωποι είναι πολύ αδαείς για να δεχτούν την αλλαγή ή να επιτρέψουν την εφαρμογή της από τις μελλοντικές γενιές. Μπορούμε μόνο να αλλάξουμε τους εαυτούς μας και να μάθουμε να αποδεχόμαστε την κοινωνία όπως είναι.

Έκτοτε, έχω γίνει μάρτυρας ενός πλήθους παραλογισμών που προωθούνται από τους ψυχολόγους. Για παράδειγμα, ένας ψυχολόγος στην Ισπανία δίδαξε ενσυναίσθηση μέσω παιχνιδιών Lego, ενώ ένας άλλος στην Πορτογαλία ενθάρρυνε τους ανθρώπους να χορεύουν με το σύμπαν, όπου οι συμμετέχοντες έκλειναν τα μάτια τους και απλώς ακολουθούσαν τη ροή. Στη Λιθουανία, συνάντησα ψυχολόγους που χρησιμοποιούσαν ρούνους και κάρτες ταρώ στην πρακτική τους, ενώ ορισμένοι διοργάνωσαν ακόμη και σεμινάρια για την ενδοοικογενειακή βία που προωθούσαν μια ιδεολογία μίσους κατά των ανδρών χωρίς καμία πραγματική ή λογική βάση. Αυτό που με εκπλήσσει περισσότερο σε αυτές τις εμπειρίες είναι ότι κάθε φορά που ρωτάω αυτούς τους ανθρώπους για τις πρακτικές τους, γίνονται αμυντικοί και θυμωμένοι, συχνά ισχυριζόμενοι ότι δεν έχω πίστη. Αυτό είναι συναρπαστικό γιατί μοιάζει με μια θρησκεία μεταμφιεσμένη σε ψυχολογική πρακτική, όπου η αμφισβήτηση της αξιοπιστίας των μεθόδων της αντιμετωπίζεται με εχθρότητα, σαν να πρόκειται για δόγμα που βασίζεται στην τυφλή πίστη.

Αν ζητούσατε από ένα άτομο με σοβαρή ψυχική ασθένεια να επινοήσει μια θεραπεία, υποψιάζομαι ότι οι ιδέες του θα έμοιαζαν πολύ με εκείνες αυτών των υποτιθέμενων ψυχολόγων. Ωστόσο, επειδή οι άνθρωποι σέβονται την αυθεντία, το μόνο που έχετε να κάνετε είναι να ισχυριστείτε ότι είστε αδειούχος ψυχολόγος ή ψυχίατρος, ανεξάρτητα από την πραγματική σας κατανόηση του ανθρώπινου νου, και θα σας ακούσουν και θα σας ακολουθήσουν.

Αν παράγετε αποτελέσματα εκεί που οι ψυχολόγοι αποτυγχάνουν, οι άνθρωποι θα αποδώσουν την επιτυχία σας στην τύχη, όχι στην ανώτερη γνώση και τις αξιόπιστες πληροφορίες σας. Αυτή η δυναμική εξηγεί γιατί είναι τόσο δύσκολο να λυθούν τα προβλήματα του κόσμου. Δεν είναι δυνατόν να είσαι ειλικρινής και να αποφεύγεις την πραγματικότητα ταυτόχρονα, και οι άνθρωποι βασίζονται υπερβολικά σε πρόσωπα εξουσίας για να σκεφτούν κριτικά. Άλλωστε, γιατί να παλέψουμε για την αξιοπιστία σε μια πραγματικότητα που ευνοεί τους ανόητους;

Κεφάλαιο 13: Αφύπνιση σε μια ανώτερη συνείδηση

Το να λέτε την αλήθεια απαιτεί συχνά το θάρρος να ρισκάρετε να ακούγεται προσβλητικό- διαφορετικά, κανείς δεν θα σας ακούσει και δεν θα υπάρχει αλήθεια για να μοιραστείτε. Ο Ιησούς αποκάλεσε αυτούς τους ανθρώπους «πέτρες», υπονοώντας ότι είναι πολύ αδαείς για να φυτέψουν ιδέες και να περιμένουν καρποφόρα αποτελέσματα. Ομοίως, ο Βούδας τους περιέγραψε ως «αφυπνισμένους», όρος που μπορεί να ερμηνευτεί ως εγκεφαλικά νεκροί, αν και κατανοήθηκε σύμφωνα με την αντίληψη των οπαδών του. Οι σύγχρονες ερμηνείες αυτής της έννοιας περιλαμβάνουν όρους όπως «ηλίθιος», «καθυστερημένος» και «ηλίθιος», αντανακλώντας μια πιο επιστημονικά ακριβή οπτική. Ο Osho χρησιμοποίησε ακόμη και τον όρο «καθυστερημένος» για να εκφράσει ότι δεν μπορεί να αναμένεται από την πλειοψηφία να είναι πολιτισμένη ή να κατανοεί την έννοια της δημοκρατίας.

Αυτή η διανοητική στασιμότητα είναι εμφανής στην ψυχολογική έρευνα, ειδικά όταν αναλύεται μέσα από το φακό αρχαίων φιλοσοφιών όπως ο Ινδουισμός. Οι ινδουιστικές γραφές παρέχουν πλούσιες και λεπτομερείς περιγραφές για το πώς σκέφτονται και συμπεριφέρονται τα αδαή άτομα. Αυτή η γνώση, που καταγράφηκε πριν από πέντε χιλιάδες χρόνια, μπορεί να παρατηρηθεί ακόμη και σήμερα. Επομένως, ο χαρακτηρισμός της πλειοψηφίας ως «καθυστερημένης» και «ηλίθιας» ανταποκρίνεται στην πραγματικότητα. Δεν μπορείτε να εξελιχθείτε χωρίς μια ξεκάθαρη εικόνα της αλήθειας. Αν αυτό προσβάλλει κάποιους ανθρώπους, είναι απλώς συνέπεια της αντιμετώπισης της αλήθειας. Ωστόσο, αν αυτό σας προσβάλλει, μπορεί να υποδηλώνει έλλειψη διάκρισης.

Για όσους έχουν βαθιά άγνοια ή είναι ψυχικά ασταθείς, η πραγματικότητα μπορεί να είναι αρκετά προσβλητική. Ένα άτομο που δεν μαθαίνει, δεν διαβάζει και εκφράζει παράλογες ιδέες χωρίς κοινή λογική είναι, σε σημαντικό βαθμό, και αδαής και νευρωτικός. Η αγνόηση των γεγονότων της ζωής μπορεί να οδηγήσει στην τρέλα. Η αγάπη, η δημιουργικότητα και η σύνδεση με το πνευματικό πεδίο προκύπτουν μόνο όταν η επικοινωνία έχει κατακτηθεί. Αυτός είναι ο λόγος για τον οποίο πολλοί άνθρωποι δυσκολεύονται με αυτές τις έννοιες, καθώς τείνουν να αποφεύγουν την πραγματικότητα. Οι περισσότεροι άνθρωποι στερούνται αποτελεσματικών δεξιοτήτων επικοινωνίας και ενσυναίσθησης και αντ' αυτού επικεντρώνονται στην αναζήτηση εξωτερικής επικύρωσης. Πολλά παγκόσμια προβλήματα πηγάζουν από αυτή την άγνοια, καθώς οι άνθρωποι συμπεριφέρονται παράλογα επειδή τους λείπει η κοινή λογική.

Η ταξινόμηση των ενεργειών αυτής της πλειοψηφίας ως «φυσιολογικές» είναι ακόμη πιο επιζήμια από το να μην αναγνωρίζει κανείς την πραγματική τους φύση. Όταν η ψυχολογία κανονικοποιεί αυτή τη συμπεριφορά, επιδεινώνει την κατάσταση, επειδή πολλά προβλήματα ψυχικής υγείας είναι κατά βάση κοινωνικά προβλήματα.

Χαρακτηρίζοντάς τα ως φυσιολογικά, εξαλείφουμε την ανάγκη για προληπτική ευθύνη και συνειδητές αντιδράσεις. Είναι φυσικό να αισθάνεστε κατάθλιψη κοντά σε ψυχωτικά και νευρωτικά άτομα, καθώς μπορούν να μειώσουν την αίσθηση της επάρκειας σας. Είναι σύνηθες να αισθάνεστε απογοητευμένοι και καταθλιπτικοί όταν ζείτε με τέτοια άτομα. Ωστόσο, το να τους αποδέχεστε ως φυσιολογικούς είναι σαν να κινδυνεύετε να πέσετε σε μια κατάσταση απελπισίας.

Όταν ο Ιησούς είπε: «Συγχώρεσέ τους, Πατέρα, επειδή δεν ξέρουν τι κάνουν» (Λουκάς 23:34), τόνισε την άγνοια των ανθρώπων για τις συνέπειες των πράξεών τους. Αυτή η άγνοια πηγάζει από μια εγωκεντρική εστίαση. Ιστορικά γεγονότα, όπως η Ιερά Εξέταση, παρέχουν αμέτρητα παραδείγματα ιδιοτελούς συμφέροντος που επισκιάζει την αλήθεια, συμπεριλαμβανομένης της εκτέλεσης του Τζορντάνο Μπρούνο το 1600 για την άρνηση της θεότητας του Χριστού, της παρθενικότητας της Μαρίας και του δόγματος της μετουσίωσης, καθώς και για την πίστη του στην πολλαπλότητα των κόσμων, την υποστήριξή του στο ηλιοκεντρικό μοντέλο και τις πανθεϊστικές του απόψεις. Οι ιδέες και τα γραπτά του, ιδίως οι κοσμολογικές θεωρίες και οι φιλοσοφικές του απόψεις, θεωρήθηκαν ασυμβίβαστα με τις διδασκαλίες της Καθολικής Εκκλησίας της εποχής.

Αυτές οι δημόσιες εκτελέσεις μπορεί να δίδαξαν στις μάζες ότι είναι πιο σημαντικό για την επιβίωσή τους να ακούνε τις απόψεις των άλλων παρά να λένε την αλήθεια, οδηγώντας στην αυτολογοκρισία. Επιπλέον, οι άνθρωποι συχνά επιδεικνύουν ανάρμοστη συμπεριφορά και τρέφουν δυσαρέσκεια για όσους τους διορθώνουν. Τέτοιες ενέργειες έχουν τις ρίζες τους στο εγώ και οδηγούνται από το φόβο. Επομένως, τόσο η επιθυμία να κάνει κανείς το καλό προκειμένου να κερδίσει σεβασμό και έγκριση όσο και ο φόβος να διορθωθεί υποκινούνται από μια εγωκεντρική, καθοδηγούμενη από φόβο παρόρμηση. Εξάλλου, ο σκοπός του εγώ δεν είναι να εγγυηθεί την ατομική επιβίωση;

Το κεντρικό πρόβλημα δεν είναι η ίδια η ύπαρξη, αλλά η κατάχρησή της. Οι μάζες εμφανίζουν συχνά συμπτώματα παρανοϊκής σχιζοφρένειας λόγω υπερβολικών φόβων που σχετίζονται με τον πραγματικό κόσμο. Φοβούνται τον βίαιο θάνατο, όπως τον αποκεφαλισμό, την απαγχονισμό, την καύση ή τα βασανιστήρια, τα οποία παραμένουν μια πιθανότητα σε πολλές περιοχές. Αυτός ο φανταστικός φόβος του θανάτου τους ελέγχει επειδή αναγνωρίζουν ότι το να μιλήσουν μπορεί να οδηγήσει σε τρομερές συνέπειες, ενεργοποιώντας έναν φυσικό, αν και ασυνείδητο, μηχανισμό αυτοάμυνας.

Αυτό μας οδηγεί στο να αναγνωρίσουμε ότι αν και οι μάζες μπορεί να φαίνονται αδαείς, διαθέτουν επίσης μια μορφή νοημοσύνης που καθοδηγείται από την εμμονή τους για επιβίωση. Ωστόσο, είναι σημαντικό να εξετάσουμε πώς αντιλαμβάνονται την επιβίωση. Όσο πιο αδαές είναι ένα άτομο, τόσο πιο πιθανό είναι να βλέπει την επιβίωση ως ένστικτο αγέλης παρά ως προληπτική στρατηγική ζωής. Αυτή η στρατηγική απαιτεί ανάγνωση, μάθηση και προσαρμογή, αλλά πάνω απ' όλα απαιτεί μια καθημερινή μάχη ενάντια στο υποσυνείδητο μυαλό που μας υπενθυμίζει συνεχώς τη θνησιμότητά μας.

Για να παραμείνετε υγιείς, πρέπει να αντιμετωπίσετε τα ένστικτα επιβίωσης και να δείτε το θάνατο ως ένα μονοπάτι προς την ελευθερία. Αυτή η αντιπαράθεση είναι απαραίτητη προτού αντιμετωπίσετε το μίσος, το φθόνο, τη συκοφαντία, ακόμη και τη σωματική βία των άλλων. Το να συγχωρεί κανείς τους εχθρούς του, όπως τον καθοδηγεί ο Χριστός, δεν γίνεται απλώς μια υποχρέωση, αλλά μια συνειδητή αντίδραση που έχει τις ρίζες της στην κατανόηση της εγγενούς τους κατάστασης. Αυτή η κατανόηση υποδηλώνει ότι η πραγματική βλασφημία έγκειται στον ισχυρισμό ότι ο Ιησούς πέθανε για τις αμαρτίες μας. Επιπλέον, η χρήση του σταυρού ως σύμβολο μιας θρησκείας της αγάπης και η ταυτόχρονη υπενθύμιση των συνεπειών που θα έχει το να μιλήσει κανείς, αποτελεί μια δεύτερη βλασφημία.

Κεφάλαιο 14:
Η δύναμη της συμπόνιας

Η αιρετική στάση του σύγχρονου χριστιανισμού απέναντι στον αληθινό και αυθεντικό χριστιανισμό μπορεί να συνοψιστεί ως εξής: ένας άνθρωπος τιμωρείται επειδή μιλάει πολύ, και όσοι αμφισβητούν τα καθιερωμένα δόγματα και θέτουν άβολες ερωτήσεις εσωτερικεύουν τις συνέπειες στο υποσυνείδητό τους, που συμβολίζονται από τον πανταχού παρόντα σταυρό. Ως αποτέλεσμα, έννοιες όπως η συγχώρεση και η αγάπη διαστρεβλώνονται- αντί να προάγουν την κατανόηση του τι συνιστά το κακό, καταπνίγουν την ικανότητά μας να σκεφτόμαστε κριτικά, οδηγώντας σε αύξηση της δυσαρέσκειας και της αντιπαθητικής συμπεριφοράς απέναντι σε ανθρώπους άλλων θρησκειών, πεποιθήσεων και πολιτισμών. Η Βίβλος σπάνια αμφισβητείται, και τα γνωστικιστικά κείμενα και φιλοσοφίες, ακόμη και όταν ανακαλύπτονται, αγνοούνται σε μεγάλο βαθμό. Αυτό έχει ως αποτέλεσμα την πλήρη υποταγή ολόκληρων ομάδων ανθρώπων.

Αλλά μπορούμε να πάμε παραπέρα; Βεβαίως, όπως αποδεικνύεται από τους Μάρτυρες του Ιεχωβά και τις τακτικές ελέγχου του νου τους. Στην πραγματικότητα, οι θρησκείες που χρησιμοποιούν τις πιο αποτελεσματικές μεθόδους ελέγχου συνήθως λαμβάνουν την περισσότερη χρηματοδότηση και έρευνα. Οι οπαδοί τους γίνονται αντικείμενα πειραμάτων από υπηρεσίες όπως η CIA. Ακόμη και η KGB έδειξε μεγάλο ενδιαφέρον για τις θρησκευτικές πρακτικές που προωθούσαν τη ζωή στο «τώρα», καταστέλλοντας τη σκέψη και εξαλείφοντας την κριτική σκέψη.

Τα άτομα που ανήκουν σε θρησκευτικές ομάδες συχνά επιδεικνύουν εγωισμό, εγωκεντρισμό και υποκρισία, γεγονός που τα καθιστά δυνητικά επικίνδυνα και ψυχικά ασταθή. Αυτή η εσωτερική σύγκρουση μπορεί εύκολα να οδηγήσει σε αγώνες εξουσίας. Το βλέπουμε αυτό καθαρά όταν οι εθνικιστικές κυβερνήσεις εκμεταλλεύονται θέματα θρησκείας, ρατσισμού και μετανάστευσης για να δικαιολογήσουν την ανικανότητά τους ή για να κερδίσουν υποστήριξη για τις πολιτικές τους ατζέντες. Ένα εξαιρετικό παράδειγμα είναι τα επακόλουθα των επιθέσεων της 11ης Σεπτεμβρίου, τα οποία οδήγησαν σε μια παγκόσμια αφήγηση που δικαιολόγησε τη δολοφονία εκατομμυρίων αθώων ανθρώπων στη Μέση Ανατολή, την αντικατάσταση των ηγετών τους και την καταστροφή των οικονομιών τους. Από τότε, οποιοσδήποτε με σκούρο δέρμα χαρακτηριζόταν συχνά τρομοκράτης, παρά τις αποδείξεις ότι τα κτίρια καταστράφηκαν από ελεγχόμενη κατεδάφιση, όπως ισχυρίζονταν πολλοί ειδικοί.

Για την περαιτέρω χειραγώγηση του δημόσιου αισθήματος, μεταδόθηκαν στην τηλεόραση γραφικές εικόνες αποκεφαλισμών από τρομοκρατικές οργανώσεις, ενισχύοντας την ιδέα ότι οι σκουρόχρωμοι άνθρωποι διαφορετικών θρησκειών αποτελούσαν απειλή για τη δημόσια ασφάλεια. Μετά από αυτά τα γεγονότα, αμέτρητοι μετανάστες από τη Μέση Ανατολή στάλθηκαν στην Ευρώπη και τις Ηνωμένες Πολιτείες, διασφαλίζοντας ότι ο μηχανισμός του φόβου παρέμεινε ζωντανός στη συλλογική ψυχή και αποσπώντας την προσοχή των ανθρώπων με ρατσιστική ρητορική αντί να αντιμετωπιστούν οι υποκείμενες πολιτικές ατζέντες.

Έχουν περάσει χρόνια, έχουν πεθάνει αμέτρητοι αθώοι άνθρωποι, αλλά η παραδοχή ότι τα γεγονότα αυτά ήταν μέρος μιας συνωμοσίας στην οποία συμμετείχαν η CIA και η Μοσάντ θεωρείται συχνά γελοία. Όσοι λένε αυτή την αλήθεια γελοιοποιούνται και προσβάλλονται, επειδή θα ήταν πολύ οδυνηρό για το εγώ να παραδεχτεί την άγνοιά του. Έχουμε επαναλάβει αυτούς τους κύκλους συμπεριφοράς για τόσο πολύ καιρό, ώστε έχει γίνει εξαιρετικά εύκολο να ελέγξουμε τις πράξεις δισεκατομμυρίων ανθρώπων. Οι άνθρωποι σπάνια δεν εμπιστεύονται τα πρόσωπα εξουσίας και είναι όλο και πιο πρόθυμοι να πεθάνουν για τους πολιτικούς τους, ακόμη και να δολοφονηθούν από αυτούς. Το ίδιο ισχύει και για τους γιατρούς, οι οποίοι είναι πιο πιθανό να προκαλέσουν κακό και να αποφύγουν τις συνέπειες από ό,τι οι απλοί εγκληματίες. Αυτό είναι εμφανές όταν συνιστούν θεραπείες αντίθετες με αυτές που θα έπρεπε να λαμβάνουν οι ασθενείς, επισπεύδοντας τον θάνατό τους.

Ακόμη και όταν οι δηλώσεις μου παράγουν αποτελέσματα, οι άνθρωποι δεν πείθονται ότι είναι η σωστή πορεία δράσης, επειδή δυσκολεύονται να σκεφτούν καθαρά και βασίζονται σε έγκυρα στοιχεία για καθοδήγηση. Οι δημοσιογράφοι, παρά την έλλειψη επιστημονικών γνώσεων, ασκούν επίσης σημαντική επιρροή. Για παράδειγμα, όταν οι ειδήσεις αναφέρουν ότι η ζάχαρη είναι επιβλαβής για την υγεία, οι άνθρωποι γενικά την εξαλείφουν από τη διατροφή τους. Ως αποτέλεσμα, οι εταιρείες που βασίζονται στη ζάχαρη στα προϊόντα τους αρχίζουν να χάνουν κέρδη και σπεύδουν να πληρώσουν τα μέσα ενημέρωσης για να αλλάξουν το αφήγημα, χρησιμοποιώντας συχνά έρευνες που χρηματοδοτούνται από αυτά για να χειραγωγήσουν τις αναφορές σχετικά με τις αιτίες διαφόρων ασθενειών. Οι άνθρωποι που δεν σκέφτονται ακούνε το αντίθετο μήνυμα: «Η ζάχαρη, σε βέλτιστες ποσότητες, αυξάνει τα επίπεδα ενέργειας και βελτιώνει τη διάθεση όταν καταναλώνεται στο πρωινό».

Αυτό δημιουργεί αυτό που οι ψυχολόγοι ονομάζουν γνωστική ασυμφωνία. Ωστόσο, λόγω της δυαδικής σκέψης που έχει διαμορφωθεί από το εκπαιδευτικό σύστημα -στην οποία η μία απάντηση πρέπει να είναι λάθος για να είναι σωστή η άλλη- οι άνθρωποι μπερδεύονται.

Πώς επιλύουν οι άνθρωποι αυτό το δίλημμα; Το βλέπουμε καθημερινά. Τοποθετούν το πρόβλημα «δεν καταλαβαίνω» στο κουτί «ευτυχία» στο μυαλό τους. Πείθουν τον εαυτό τους ότι τα πάντα μπορεί να είναι καλά ή κακά για την υγεία, ανάλογα με την οπτική γωνία του καθενός, και ότι ακόμη και οι γιατροί μπορεί να κάνουν λάθος. Η υγεία γίνεται έτσι σχετική με διάφορες επιρροές, χωρίς ένας μόνο παράγοντας να είναι η αιτία της ασθένειας. Η θεωρία αυτή επαναλαμβάνεται συχνά από τους ίδιους τους γιατρούς. Με τον τρόπο αυτό, αντιμετωπίζουν ταυτόχρονα δύο ζητήματα: την προστασία του εγωισμού τους από το να κάνουν λάθος και την προστασία της δουλειάς τους σε περίπτωση λάθους που θα μπορούσε να βλάψει έναν ασθενή. Αυτό οδηγεί στην πεποίθηση ότι όλες οι ασθένειες καθορίζονται από τη γενετική ή τη μοίρα και όχι από τη διατροφή. Όποιος γιατρός ή οδοντίατρος έχει αυτή τη γνώμη είναι μάλλον αναληθής. Σε γενικές γραμμές, λένε ψέματα για να προστατεύσουν τη δουλειά τους, επειδή δεν μπορούν να εκφράσουν μια εναλλακτική προοπτική.

61

Κεφάλαιο 15: Η ψευδαίσθηση του διαχωρισμού

Οι ιδεολογίες που προωθούν την απόλυτη ευτυχία χωρίς ευθύνη και τη σχετικότητα της αλήθειας είναι δημοφιλείς επειδή απαλλάσσουν τα άτομα από την ευθύνη, συμπεριλαμβανομένων εκείνων που διαπράττουν εγκλήματα, ενώ διευκολύνουν τη χρήση του ψεύδους για κέρδος. Αν και συχνά υποθέτουμε ότι οι άνθρωποι έχουν κοινή λογική, οι μελέτες για την ανθρώπινη ηθική, ιδίως αυτές που διεξήγαγε ο Lawrence Kohlberg στο Πανεπιστήμιο του Χάρβαρντ, δείχνουν ότι η βλακεία ή το προσωπικό συμφέρον δεν είναι συνώνυμα της κοινής λογικής. Ως εκ τούτου, δεν πιστεύω ότι οι άνθρωποι φοβούνται πραγματικά την ύπαρξη εξωγήινων, είτε μοιάζουν με τις γκροτέσκες αναπαραστάσεις στις ταινίες είτε αποτελούν απειλή για τον πλανήτη με προηγμένα όπλα. Κατά βάθος, αυτό που πραγματικά φοβούνται οι άνθρωποι είναι η πιθανότητα να είναι σαν κάθε άλλος άνθρωπος στη Γη, προσπαθώντας να προωθήσουν την ειρήνη μέσω της κοινής λογικής και της ανώτερης συνείδησης.

Η αλήθεια είναι αυτό που φοβίζει περισσότερο τους ανθρώπους, επειδή απειλεί να διαλύσει την αντιλαμβανόμενη πραγματικότητά τους. Ίσως αυτή να είναι η πιο τρομακτική προοπτική για έναν πλανήτη γεμάτο μπερδεμένες ψυχές: η πιθανότητα να εμφανιστεί ένα πιο ορθολογικό άτομο και να αντικαταστήσει τις φαντασιώσεις του με γεγονότα. Μπορούμε να το δούμε αυτό στην αντίθετη αντιμετώπιση που δίνεται στους δημοφιλείς συγγραφείς, οι οποίοι μοιράζονται προσωπικές απόψεις, και στους επιστήμονες, οι οποίοι παρουσιάζουν εμπειρικά στοιχεία. Ένας λαϊκός συγγραφέας μπορεί να εκφράζει παράλογες απόψεις που δεν έχουν νόημα, αλλά οι άνθρωποι τους αποδέχονται και μάλιστα μοιράζονται τα λόγια τους σε θρησκευτικές συγκεντρώσεις. Θέλουν απεγνωσμένα να πιστέψουν αυτά που λέει, πράγμα που θεωρώ βαθιά προσβλητικό για τους ιδρυτές των αντίστοιχων θρησκειών τους, ειδικά όταν οι ομάδες αυτές προσπαθούν να εκπροσωπήσουν αρχαίες φιλοσοφίες, όπως στην περίπτωση των Ροδόσταυρων.

Από την άλλη πλευρά, ένας επιστήμονας συζητά εκατοντάδες επιστημονικά άρθρα για συναφή θέματα και μοιράζεται τις προσωπικές του εμπειρίες ως κλινικός ψυχολόγος, αλλά δέχεται κριτική όταν δεν συμμορφώνεται με τις αυταπάτες των μαζών.

Επιπλέον, πολλοί δημοφιλείς συγγραφείς υποστηρίζουν την άγνοια του εγώ, μια έννοια που δεν είναι συνεπής. Η αγνόηση της αίσθησης του εαυτού εμποδίζει το άτομο να διακρίνει τι συνιστά τον εαυτό του και τι όχι, εμποδίζοντας το ταξίδι του προς την ανώτερη συνείδηση. Αυτή η συμπεριφορά, η οποία αφαιρεί την πηγή της συνείδησης από την εξίσωση της ζωής, μπορεί να οδηγήσει στην τρέλα. Κατά συνέπεια, όλοι οι άνθρωποι που ακολουθούν αυτές τις αρχές παρουσιάζουν σημάδια ψυχικής αστάθειας. Δυσκολεύονται να διακρίνουν μεταξύ καλών και κακών πράξεων, επειδή έχουν πέσει στην παγίδα της πεποίθησης ότι το εγώ είναι εγγενώς λάθος, μια συνηθισμένη παρανόηση στον σύγχρονο Ροδόσταυρο, ιδιαίτερα στο Lectorium Rosicrucianum.

Οι υπεύθυνοι συγγραφείς τονίζουν την ανάγκη τα άτομα να αναλάβουν μεγαλύτερη ευθύνη για τη ζωή τους, γεγονός που έρχεται σε έντονη αντίθεση με τα λανθασμένα μηνύματα που διαδίδουν οι δημοφιλείς συγγραφείς. Τα τεμπέλικα και εγωκεντρικά άτομα απορρίπτουν γενικά την αξιοπιστία των θεωριών που βασίζονται στην κλινική πρακτική. Ως αποτέλεσμα, αφομοιώνουν επιχειρήματα που τους επιτρέπουν να αποφεύγουν την ευθύνη και στρέφονται προς τα ίδια βιβλία που θα διαβάσουν και θα ακολουθήσουν με θρησκευτική ευλάβεια. Η χρήση τίτλων όπως «Rosicrucian» ή «Freemason», που επικαλούνται αρχαίες τελετουργίες και πρακτικές, χρησιμεύει ως ένα έξυπνο τέχνασμα για να κάνει τους ανθρώπους να αποδεχτούν πολλές ανοησίες και να νιώσουν ξεχωριστοί. Η αλήθεια είναι ότι αν αυτές οι ομάδες είχαν ονόματα που κανείς δεν είχε ακούσει ποτέ, πιθανότατα δεν θα προσέλκυαν οπαδούς και ίσως δεν θα υπήρχαν καν.

Αυτές οι ομάδες είναι απατηλές. Αποτυγχάνουν να ανταποκριθούν ακόμη και στα πιο βασικά πρότυπα αξιοπρέπειας, επειδή τα μέλη τους είναι πολύ εγωκεντρικά για να αντιμετωπίζουν ο ένας τον άλλον με ευγένεια. Σοκαρίστηκα από το επίπεδο άγνοιας, αγένειας και προσβολών που συνάντησα. Η ίδια η ύπαρξή τους αποτελεί προσβολή για το όνομά τους, αλλά αυτοί βλέπουν το πρόβλημα σε μένα, ανίκανοι να δουν τα δικά τους σφάλματα. Κάθε φορά που συμμετείχα σε συναντήσεις με μέλη του Lectorium Rosicrucianum, επικεντρώνονταν στο εγώ και στη σκέψη. Έλεγαν: «Έχεις πολύ εγωισμό, και ο εγωισμός είναι κακός» και «Σκέφτεσαι πολύ». Ωστόσο, κανένας τους δεν μπορούσε να εξηγήσει με σαφήνεια τα επιχειρήματά τους, γεγονός που δείχνει την έλλειψη κατανόησης του εγώ και του νου. Είχαν εμμονή με λανθασμένες υποθέσεις και ζούσαν σε έναν φανταστικό κόσμο. Προωθούσαν στις συναντήσεις τους παράλογα αποφθέγματα από τον Έκχαρτ Τόλε και τον Πάολο Κοέλιο, σαν να επρόκειτο για απλή ψυχαγωγία.

Οι σύγχρονοι Ροδόσταυροι έχουν ελάχιστη σχέση με τον αυθεντικό ροδοσταυρισμό, πόσο μάλλον με μια φιλοσοφία που υπερασπίζεται τη λογική. Έχουν οικειοποιηθεί τον τίτλο άλλων ομάδων για να προωθήσουν τους εαυτούς τους, μια συνήθης πρακτική μεταξύ πολλών χριστιανών που έχουν ελάχιστη σχέση με τον χριστιανισμό πέρα από τη Βίβλο, την οποία ερμηνεύουν εκ νέου σύμφωνα με τις δικές τους απόψεις, χωρίς ποτέ να αποκλίνουν από τα δόγματα που καθιέρωσε η Σύνοδος της Νίκαιας. Θα ήταν σαν να έπαιρνα όλες τις Ινδουιστικές γραφές, να τις μετέφραζα διαφορετικά και στη συνέχεια να ισχυριζόμουν ότι είμαι ο ιδρυτής ενός νέου κλάδου του Ινδουισμού. Οι άνθρωποι δεν βλέπουν τίποτα κακό σε αυτή τη συμπεριφορά, και με προβληματίζει το γεγονός ότι δεν μπορούν να δουν το δικό τους λάθος. Έχω συναντήσει έναν απίστευτο αριθμό ανώριμων και αδαών ανθρώπων σε θρησκευτικά πλαίσια. Αυτό που είναι πραγματικά τρομακτικό είναι όταν κρύβουν αυτές τις αλήθειες πίσω από ένα προσωπείο ακραίας κακίας.

Κεφάλαιο 16: Το ταξίδι προς την αυτοπραγμάτωση

Όταν συμμετέχετε σε έναν ανοιχτό διάλογο με κάποιον που διαφωνεί μαζί σας, δεν είστε εγωκεντρικός, αλλά ρεαλιστής και αναλυτής. Αυτή η προσέγγιση συχνά τρομάζει τους ανθρώπους με παραληρηματική νοοτροπία. Αφήνοντας τη συζήτηση να αυξήσει την κατανόησή σας, εκνευρίζετε εκείνους που προτιμούν να ζουν σε έναν φανταστικό κόσμο πίσω από κοινωνικές μάσκες. Όταν ο άλλος προσπαθεί να σας πείσει ότι κάνετε λάθος και αγνοεί τον εγωκεντρισμό του, δεν είναι χρήσιμος ή αυθεντικός- αντίθετα, προσπαθεί να σας σύρει σε ένα επίπεδο όπου μπορεί να ασκήσει έλεγχο πάνω σας. Γι' αυτό καταφεύγουν σε αβάσιμες προσβολές και διαστρεβλώνουν τα γεγονότα. Έχω παρατηρήσει ότι αυτή η στάση είναι κοινή σε πολλές πνευματικές ομάδες, με τους Ροδόσταυρους, τους Μασόνους και τους Χριστιανούς να είναι από τις πιο παραπλανητικές.

Προτιμώ να έχω να κάνω με έναν άσχετο άνθρωπο παρά με έναν υποκριτή που λέει ψέματα για να με χειραγωγήσει, κάτι που είναι σύνηθες σε αυτές τις ομάδες. Οι Μάρτυρες του Ιεχωβά, ειδικότερα, μοιάζουν με χαρακτήρες ταινιών τρόμου όταν αποκαλύπτονται τα ψέματά τους. Ωστόσο, δεν είναι δύσκολο να αποκαλύψεις τα ψέματα οποιασδήποτε θρησκείας όταν αναγνωρίζεις την αποφασιστικότητά τους να βάζουν τη γνώμη πάνω από τα γεγονότα ή ακόμα και τα ίδια τους τα κείμενα. Τα επιχειρήματα οποιασδήποτε θρησκείας μπορούν εύκολα να διαλυθούν εξετάζοντας την ιστορία της και τη χειραγώγηση και παρερμηνεία των ίδιων των γραφών της. Η επιμονή αυτών των πεποιθήσεων οφείλεται σε μεγάλο βαθμό στη σημαντική έλλειψη νοημοσύνης των μελών τους, πολλά από τα οποία επιδεικνύουν ανωριμότητα.

Δίνοντας προτεραιότητα στις ερμηνείες των δικών τους βιβλίων έναντι της συζήτησης των γεγονότων, τα άτομα αυτά αποκαλύπτουν μια μαθησιακή αναπηρία και μια βαθιά ανικανότητα να την αντιμετωπίσουν. Το δόγμα δεν θα μπορούσε να υπάρξει χωρίς την παραφροσύνη που το συντηρεί. Αυτό είναι τόσο προφανές που μπορούν να αισθανθούν από απόσταση ένα άτομο με υψηλότερη δόνηση και να αποκτήσουν εμμονή με την απομάκρυνσή του από την ομάδα τους, επειδή αισθάνονται άβολα μαζί του. Αυτά τα άτομα συχνά καλύπτουν τις ελλείψεις τους με μια ψεύτικη αίσθηση ηθικής ανωτερότητας που στην πραγματικότητα δεν διαθέτουν. Αυτό γίνεται φανερό όταν συνειδητοποιούν ότι αποτυγχάνουν σε κάθε επιχείρημά τους, ενώ εγώ είμαι πάντα σωστός στους ισχυρισμούς μου, ακόμη και χωρίς να προσπαθώ.

Ακόμη χειρότερα, το γεγονός ότι έχω γράψει βιβλία για να διαφωτίσω άλλους ανθρώπους τους κάνει να αισθάνονται κατώτεροι, γεγονός που τροφοδοτεί την εχθρότητά τους εναντίον μου. Αυτό δείχνει ότι είναι ανειλικρινείς και αδιαφορούν για την ευημερία της ανθρωπότητας· επικεντρώνονται μόνο στο να αποκτήσουν ένα πλεονέκτημα έναντι των άλλων. Δεν μπορούν να αποδεχτούν την πραγματικότητα ότι έχω περισσότερες γνώσεις από αυτούς, ότι δεν τους χρειάζομαι και ότι εκπαιδεύω τον κόσμο για ανώτερες αλήθειες, επειδή αυτό εξοργίζει τους εσωτερικούς τους δαίμονες. Κατά συνέπεια, προσπαθούν να απαξιώσουν το έργο μου, ισχυριζόμενοι ότι τους αντέγραψα ή ότι πήρα τις γνώσεις μου από κάποια άλλη ομάδα ή από μυστικιστικές πηγές, όπως τα αρχεία Ακασί ή μέσω της επικοινωνίας με τους νεκρούς. Δείχνουν την ίδια περιφρονητική στάση απέναντι σε οποιονδήποτε έχει εποικοδομητικές προθέσεις, συμπεριλαμβανομένων εκείνων που ασκούν δραστηριότητες ωφέλιμες για τη σωματική υγεία, όπως η γιόγκα.

Οι Ροδόσταυροι είναι μερικοί από τους πιο γελοίους και αδαείς ανθρώπους που έχω συναντήσει ποτέ. Επιδεικνύουν επίσης ένα εκπληκτικό επίπεδο ρατσισμού, το οποίο είναι ιδιαίτερα εκπληκτικό για εκείνους που δηλώνουν ότι πιστεύουν στη μετενσάρκωση και ισχυρίζονται ότι απέκτησαν μεγάλο μέρος των γνώσεών τους από τις αρχαίες αιγυπτιακές σχολές μυστηρίου και τα γνωστικιστικά γραπτά της Μέσης Ανατολής. Μπορεί όμως ένα δέντρο που πίνει από μια δηλητηριώδη λίμνη να φέρει γλυκούς καρπούς; Αυτά τα άτομα κατατρώγονται από σκοτεινές ενέργειες και θα μου αρνούνται πάντα τον σεβασμό που μου αξίζει. Η αναγνώριση της αξίας μου θα απαιτούσε να ζητήσουν συγγνώμη και να δείξουν ταπεινότητα, η οποία έρχεται σε πλήρη αντίθεση με την ακραία αλαζονεία τους. Είναι περίεργο το γεγονός ότι με κατηγορούν ότι έχω πρόβλημα εγωισμού και ταυτόχρονα εκφράζουν την επιθυμία να μάθουν από μένα και να κατανοήσουν αυτά που γράφω, αποκαλύπτοντας ότι η αλαζονεία τους ξεπερνά τα φυσιολογικά επίπεδα.

Υποτιμούν τους άλλους, ενώ επιθυμούν αυτό που έχουν οι ίδιοι, πράγμα που κάνουν ακριβώς όταν οικειοποιούνται ονόματα ιστορικών ομάδων που δεν υπάρχουν πια. Αυτή η συμπεριφορά αντικατοπτρίζει τη συμπεριφορά ενός ναρκισσιστή: επικρίνει τους άλλους, ενώ ταυτόχρονα κλέβει την ταυτότητα και τη γνώση τους. Στην ουσία, είναι εγωιστές, ενσαρκώνοντας τις ίδιες τις σκοτεινές δυνάμεις που απορρίπτουν. Ο μέσος άνθρωπος δεν έχει αρκετές πληροφορίες για να περιηγηθεί σε αυτούς τους παραλογισμούς, γεγονός που τον καθιστά εύκολο θύμα των λόγων των άλλων. Αν έχετε τις ίδιες γνώσεις με εμένα, αναπόφευκτα θα ρίξετε φως στο σκοτάδι των άλλων, γεγονός που μπορεί να σας οδηγήσει στην παρανόηση ότι οι προσβολές που δέχεστε σας καθιστούν κατώτερους, ενώ στην πραγματικότητα ισχύει το αντίθετο. Όσο πιο συνειδητοποιημένοι γίνεστε, τόσο περισσότερο θα σας μισούν.

Αυτό δεν σημαίνει ότι δεν θα προσπαθήσουν να οικειοποιηθούν τη γνώση σας- έτσι συμπεριφέρονται οι ζηλόφθονοι άνθρωποι. Πολλοί μασόνοι διαβάζουν τα βιβλία μου αλλά προτιμούν να κρατούν αποστάσεις. Το ίδιο ισχύει και για τα μέλη των Ροδόσταυρων σχολών, τα οποία αποφεύγουν να ασχολούνται μαζί μου, αλλά παρακολουθούν συνεχώς όσα γράφω και δημοσιεύω στο διαδίκτυο. Οι ταμπέλες που δίνουν οι θρησκείες στους εαυτούς τους είναι παραπλανητικές, γιατί όλες είναι ψεύτικες και ελέγχονται από αρρωστημένες πρακτικές και αμέτρητους ψυχοπαθείς. Δεν υπάρχει Χριστιανισμός, Ροδόσταυρος, Σαηεντολογία, Βουδισμός ή Μασονία στην πραγματική τους μορφή. Είναι όλοι τους μια πλήρης προσβολή για τους ιδρυτές τους. Καμία θρησκεία δεν είναι κάτι περισσότερο από αυτό που ισχυρίζεται ότι είναι.

Αυτό δεν σημαίνει ότι δεν θα εξελιχθούν στις παραπλανητικές τους τακτικές. Έχω συναντήσει πολλούς Χριστιανούς που προσποιούνται φιλία μόνο και μόνο για να κάνουν συγκεκριμένες ερωτήσεις και στη συνέχεια να μοιράζονται τις απαντήσεις μου με τις κοινότητές τους, χωρίς ποτέ να μου δίνουν τα εύσημα, και όλα αυτά για να βελτιώσουν τη δική τους εικόνα. Δεν είναι τρομερό αυτό; Οι χριστιανοί θεωρούν γενικά τους εαυτούς τους ηθικά ανώτερους από τους άλλους και απορρίπτουν κάθε κρίση της συμπεριφοράς τους. Ποια είναι όμως η αξία ενός ιεροκήρυκα που κηρύττει αυτά που έμαθε από εμένα σαν να ήταν δικά του ή θεόπνευστα, ενώ ταυτόχρονα προσπαθεί να με πείσει να απαρνηθώ τις γνώσεις μου και να τον ακολουθήσω; Αυτό το άτομο είναι ένας τσαρλατάνος, ένα παράσιτο και ένας δαίμονας.

Η εμμονή να είναι κανείς ανώτερος από τους άλλους, να αισθάνεται ξεχωριστός και ηθικά ανυψωμένος, είναι τόσο διαδεδομένη σε πολλές πνευματικές ομάδες που είναι δύσκολο να πιστέψει κανείς ότι υποκινούνται από οποιαδήποτε πραγματική πνευματική ηθική. Στην πραγματικότητα, όσο περισσότερο αλληλεπιδρώ μαζί τους, τόσο λιγότερο ενδιαφέρονται για τα γεγονότα και τόσο περισσότερο προσκολλώνται στις φαντασιώσεις και τα στερεότυπά τους. Δεν μπήκα σε μια θρησκευτική ομάδα για να γίνω μάρτυρας αυτού του είδους της φάρσας. Παρατηρώ παρόμοια συμπεριφορά σε όλη την κοινωνία, γεγονός που επιβεβαιώνει ότι οι θρησκείες δεν μεταμορφώνουν τους ανθρώπους. Χρησιμεύουν μόνο ως μια παχιά μάσκα για να κρύψουν τη διεστραμμένη και διαβολική φύση τους. Είναι σοφό να είμαστε επιφυλακτικοί απέναντι σε εκείνους που καταβάλλουν μεγάλες προσπάθειες για να υποστηρίξουν την ηθική τους ανωτερότητα με βάση μια θρησκευτική ταυτότητα.

Αυτό είναι ιδιαίτερα εμφανές όταν αναφέρω ότι είμαι συγγραφέας, γιατί αυτό σχεδόν ποτέ δεν έχει καλή κατάληξη σε ένα θρησκευτικό πλαίσιο. Δεν είμαι τέλειος, ούτε ισχυρίζομαι ότι γνωρίζω τα πάντα, αλλά είναι πρόκληση να πλοηγούμαι στις γνώσεις μου μπροστά σε ένα τόσο έντονο μίσος, σαν να μην μου επιτρέπεται να γνωρίζω περισσότερα από τους άλλους. Ο φθόνος βγάζει τον χειρότερο εαυτό τους. Όσο καλύτερος είσαι, τόσο περισσότερο εκδηλώνονται οι εσωτερικοί τους δαίμονες. Όταν έχετε περισσότερες γνώσεις από τους αυτοαποκαλούμενους φωτισμένους, αποκαλύπτουν τον πραγματικό, άσχημο εαυτό τους.

Κεφάλαιο 17: Προηγούμενες ζωές και τρέχουσες επιλογές

Τα ανθρώπινα όντα αρέσκονται να θεωρούν τους εαυτούς τους ιδιαίτερα εξελιγμένους, αλλά διάφορες μελέτες δείχνουν ότι η συντριπτική πλειονότητα λειτουργεί στο γνωστικό επίπεδο μιας μαϊμούς ή ενός αρουραίου, όταν πρόκειται για μοτίβα σκέψης. Η έρευνα του Gordon Stephenson για τους πέντε πιθήκους είναι μία από τις πολλές μελέτες που καταδεικνύουν γιατί οι άνθρωποι συχνά επιτίθενται σε όσους σκέφτονται διαφορετικά. Κατά τη διάρκεια της ιστορίας, το να παίρνεις ρίσκα και να λες την αλήθεια είχε συχνά σοβαρές συνέπειες, όπως σταύρωση, βασανιστήρια, αποκεφαλισμό ή ζωντανό κάψιμο. Ως αποτέλεσμα, η ανθρωπότητα ως συλλογικότητα έχει μάθει να αποφεύγει, να φοβάται και να τιμωρεί όποιον «σκέφτεται πολύ» ή εκφράζει «αρνητικές σκέψεις», καθώς τα άτομα αυτά θεωρούνται «τρελά» από μια κοινωνία που υποσυνείδητα εξισώνει το να ρισκάρεις τη ζωή σου για τις σκέψεις σου με την παραφροσύνη. Έτσι, την επόμενη φορά που θα ακούσετε φράσεις όπως «είσαι τρελός», «σκέφτεσαι πολύ» ή «αυτό είναι αρνητική σκέψη», σκεφτείτε το υποκείμενο νόημα.

Πολλοί ομιλητές και συγγραφείς ενισχύουν αυτές τις ανοησίες ή τις χρησιμοποιούν ως αγκίστρι για να μετατρέψουν τις λανθασμένες ιδέες τους σε δημοφιλείς, εύκολα κατανοητές θεωρίες. Το αποτέλεσμα είναι ότι οι οπαδοί τους μαθαίνουν να φοβούνται τη σκέψη, εσωτερικεύοντας αυτές τις αυτοκαταστροφικές ιδεολογίες. Όταν αυτές οι θεωρίες διεισδύουν στον χώρο της θρησκείας, η κατάσταση γίνεται ακόμη πιο σοβαρή. Είτε πρόκειται για μασόνους, ροδόσταυρους, σαϊεντολόγους, χριστιανούς, βουδιστές ή οποιαδήποτε άλλη αίρεση, συχνά υιοθετούν συμπεριφορές που έρχονται σε αντίθεση με το δυναμικό της κριτικής σκέψης, της αυτοεκτίμησης και, κυρίως, της ευφυΐας και της ικανότητας ανεξάρτητης ανάλυσης των γεγονότων. Η αυτο-αγάπη συγχέεται με τον εγωισμό και τα άτομα κατηγορούνται ψευδώς ότι είναι υπερβολικά υπερήφανα αν θέλουν να εξερευνήσουν την ταυτότητά τους, γεγονός που τα κάνει να χάνουν την αίσθηση του εαυτού τους. Οι ταυτότητές τους διαπλέκονται με τις ομάδες στις οποίες ανήκουν, οι οποίες υπαγορεύουν ποιοι είναι και τι πρέπει να σκέφτονται. Αυτό είναι ακριβώς το αντίθετο από αυτό που θα έπρεπε να ενσαρκώνει η πνευματικότητα και υποβιβάζει τα άτομα σε ένα χαμηλότερο πνευματικό επίπεδο.

Δεν γίνεσαι πιο έξυπνος απλά με το να κάθεσαι στη σιωπή και να διαλογίζεσαι· διαφορετικά τα πανεπιστήμια θα ήταν τα πιο ήσυχα μέρη στον κόσμο. Η αληθινή νοημοσύνη καλλιεργείται μέσα από το διάβασμα, τη συζήτηση και τη διεύρυνση των γνώσεων του ατόμου για τον κόσμο. Πώς μπορούμε να το κάνουμε αυτό αν μας στερούν τη χρήση αυτών των ικανοτήτων; Είναι ακόμη πιο ανησυχητικό όταν οι τεχνικές που αναπτύσσονται για τη βελτίωση των δεξιοτήτων χρησιμοποιούνται εναντίον των ατόμων για να τα χειραγωγήσουν, να τα καταπιέσουν και να καταστρέψουν την αυτοεκτίμησή τους, όπως συμβαίνει συχνά με πολλούς επιστήμονες σήμερα. Όποτε έχω επιστήσει την προσοχή της οργάνωσης σε αυτά τα ζητήματα, οι επιστολές μου αγνοούνται, επειδή καμία θρησκεία που θεωρεί τον εαυτό της ενάρετη δεν θέλει να παραδεχτεί ότι διαπράττει εγκλήματα κατά των ίδιων των αρχών που ισχυρίζεται ότι υπερασπίζεται. Το status quo και το οικονομικό κέρδος υπερισχύουν κάθε ενδιαφέροντος για ηθική συμπεριφορά. Ίσως η μεγαλύτερη υποκρισία οποιασδήποτε θρησκείας είναι η δημόσια επίδειξη αρετής που δεν εφαρμόζει στον εαυτό της.

Επιπλέον, φαίνεται ότι οι περισσότεροι άνθρωποι δεν συνειδητοποιούν ότι οι ιδεολογίες που υπερασπίζονται σήμερα είναι αποτέλεσμα βίαιων πολέμων και δολοφονιών και όχι λογικής επιχειρηματολογίας. Στους ανθρώπους δεν αρέσει να χάνουν επιχειρήματα, γιατί αυτό τους κάνει να αισθάνονται ότι έχουν μια αίσθηση ηθικής ανωτερότητας και μια εγωιστική επιθυμία να αισθάνονται ότι η σημασία τους κλονίζεται. Η συζήτηση πνευματικών θεμάτων σήμερα είναι τόσο δύσκολη όσο ποτέ άλλοτε. Ως αποτέλεσμα, η βαρβαρότητα, το ψέμα και η εξαπάτηση έχουν ιστορικά θριαμβεύσει έναντι της αλήθειας. Ολόκληροι πολιτισμοί έχουν εξαφανιστεί και πολλοί έχουν διωχθεί απλώς και μόνο επειδή σκέφτονταν διαφορετικά από τους καταπιεστές τους. Για τους λόγους αυτούς, η ιδέα της εξέλιξης είναι μια ψευδαίσθηση. Συχνά, απλώς ανακαλύπτουμε εκ νέου αυτό που ήταν ήδη γνωστό, αλλά πολλοί παραμένουν ανυποψίαστοι για αυτή τη διαδικασία και για τον τεράστιο όγκο γνώσεων που ανακτήθηκε τις τελευταίες δεκαετίες.

Έχουμε τη δυνατότητα να διορθώσουμε λάθη χιλιάδων ετών, αλλά αυτό δεν συμβαίνει επειδή οι άνθρωποι δεν είναι πρόθυμοι να παραδεχτούν τα λάθη τους και να αλλάξουν τη συμπεριφορά τους. Οι περισσότεροι άνθρωποι δεν ζουν πάνω από 100 χρόνια, αλλά δεν μπορούν να διορθώσουν τα λάθη που έκαναν επί δεκαετίες. Κατά συνέπεια, καθώς όλοι συμπεριφέρονται με παρόμοιο τρόπο, τα λάθη αυτά επιμένουν για χιλιετίες. Οι χριστιανοί και οι μουσουλμάνοι, μεταξύ άλλων, συνεχίζουν να προσκολλώνται στα ψέματα και τις λανθασμένες μεταφράσεις, επειδή αρνούνται να εξετάσουν την προέλευση των κειμένων τους και τη δική τους ιστορία, αποτυγχάνοντας έτσι να διορθώσουν τα λάθη των προκατόχων τους.

Αν εκείνοι που πιστεύουν ότι οι προσωπικές τους ερμηνείες ενός βιβλίου περιέχουν όλη την αλήθεια, συμπεριλαμβανομένων των ιστορικών, επιστημονικών και αρχαιολογικών γεγονότων, πιστεύουν επίσης ότι αυτή η αλήθεια αποκλείει άλλα κείμενα, θρησκείες ή άτομα από άλλους πολιτισμούς και υπόβαθρα, τότε ο μόνος Θεός στον οποίο μπορούν να προσευχηθούν πρέπει να είναι ο Θεός του εγωισμού και του ναρκισσισμού που κατοικεί στα βάθη των παραληρηματικών ψυχών τους. Ναι, πολλοί ισχυρίζονται ότι ο Θεός είναι μέσα μας, αλλά αυτό το επιχείρημα αποκτά διαφορετικό νόημα όταν πρόκειται για ψυχικά ασθενείς ναρκισσιστές. Οι θρησκευόμενοι άνθρωποι είναι συχνά τόσο απορροφημένοι από τις φαντασιώσεις τους που καταλήγουν να ενσαρκώνουν το ίδιο πρόβλημα που μου αποδίδουν: την αλαζονεία. Με θεωρούν αλαζόνα επειδή βλέπουν τις ψευδαισθήσεις τους να αμφισβητούνται και δυσανασχετούν όταν αμφισβητούνται οι ψευδαισθήσεις τους, όπως ακριβώς δυσανασχετούν οι ψυχολόγοι όταν αμφισβητούνται οι μέθοδοί τους. Ποιος λοιπόν πραγματικά προβληματίζεται για τι;

Έχω προβληματιστεί πάνω σε αυτό το ερώτημα πολλές φορές. Ωστόσο, εγώ είμαι αυτός που εκθέτω τις σκέψεις μου και προσπαθώ να βοηθήσω τον κόσμο. Αυτοί δεν θα μπορούσαν να βοηθήσουν κανέναν, ακόμη και αν το ήθελαν, και η δυσαρέσκειά τους προς εμένα είναι απλώς μια αντανάκλαση της δικής τους ντροπής και ανικανότητας. Παρ' όλα αυτά, έχω λάβει αρκετές προτάσεις να ενταχθώ στα υψηλότερα κλιμάκια της Σαηεντολογίας, αλλά πάντα τις απέρριπτα, επειδή η οργάνωση δεν είναι αυτό που λέει ότι είναι, αλλά μια σκιά των ιδανικών που πρεσβεύει. Η ηθική της δεν είναι τίποτα περισσότερο από θεωρητικές κατασκευές και οι φιλίες της είναι επιφανειακές, εξαφανίζονται μόλις σταματήσεις να πληρώνεις για νέα μαθήματα. Στην πραγματικότητα, πολλές θρησκευτικές ομάδες που ισχυρίζονται ότι τα χρήματα δεν έχουν σημασία δεν θα μπορούσαν να επιβιώσουν χωρίς δωρεές από τους οπαδούς τους. Ο αλτρουισμός τους εξατμίζεται όταν ένα μέλος δεν μπορεί να πληρώσει τα δίδακτρα ή να παρακολουθήσει τις συναντήσεις του Σαββατοκύριακου. Αγαπημένα μέλη είναι εκείνα που τα λαμβάνουν στο σπίτι.

Η θεσμοθέτηση μιας θρησκείας ξεκινά από το μυαλό των οπαδών της, και εκεί είναι που η κακοήθειά της παίρνει σάρκα και οστά. Τι σας θυμίζει όμως όταν κάποιος που αμφισβητεί τη θρησκευτική εξουσία χαρακτηρίζεται αλαζόνας και αιρετικός; Αυτό αντανακλά την ίδια τη συμπεριφορά εκείνων που σταύρωσαν τον Χριστό, έκαψαν στην πυρά τη Ζαν ντ' Αρκ και τον Τζορντάνο Μπρούνο και δολοφόνησαν τον Μάρτιν Λούθερ Κινγκ μπροστά σε πλήθος κόσμου.

Κεφάλαιο 18:
Ο ρόλος της Κοινότητας στην ανάπτυξη

Πολλοί άνθρωποι έχουν δολοφονηθεί από εκείνους που δεν ήθελαν να αμφισβητηθεί η εξουσία τους. Ωστόσο, αυτοί οι εγκληματίες δεν είναι μια ομάδα ελίτ που κρύβεται σε μια σπηλιά, αλλά οι μάζες, που είναι παρούσες σε κάθε κοινότητα και οργανισμό. Παρά τις υποσχέσεις της, η θρησκεία απέτυχε να μεταμορφώσει την ανθρωπότητα. Πώς οι θρησκευόμενοι άνθρωποι βλάπτουν τους άλλους σήμερα; Το κάνουν με προσβολές και συκοφαντίες. Ακριβώς όπως ο φόνος έχει εξελιχθεί κατά τη διάρκεια της ιστορίας, έτσι έχουν εξελιχθεί και οι μέθοδοι τιμωρίας. Η πιο συνηθισμένη μορφή κοινωνικής δολοφονίας σήμερα είναι γνωστή ως «ghosting», η οποία περιλαμβάνει την προσποίηση ότι κάποιος δεν υπάρχει. Ωστόσο, προτού αυτή η τακτική χρησιμοποιηθεί σε μεγάλη κλίμακα, είναι απαραίτητο να καταστραφεί η δημόσια εικόνα του ατόμου αποτεφρώνοντας τη φήμη του.

Αυτοί οι σύγχρονοι ιεροεξεταστές βρίσκονται παντού. Η εμμονή τους να αμαυρώνουν τη φήμη οποιουδήποτε αμφισβητεί την εξουσία τους δημιουργεί ένα περιβάλλον στο οποίο οι άλλοι φοβούνται να συνδεθούν με το άτομο που στοχοποιείται. Σε ομάδες όπως οι Μάρτυρες του Ιεχωβά, αυτή η συμπεριφορά εφαρμόζεται ανοιχτά και είναι ευρέως αποδεκτή. Αν ένα μέλος τιμωρείται επειδή θεωρείται δυσάρεστο, πρέπει να παρευρίσκεται στις συγκεντρώσεις και να αγνοείται από όλους. Αν και αυτή η μεταχείριση μπορεί να αποξενώσει μόνιμα κάποιον, πολλοί άνθρωποι εξαρτώνται τόσο πολύ από την κοινότητά τους, ώστε αυτή η μορφή τιμωρίας μπορεί να φανεί τόσο καταστροφική όσο και ο θάνατος.

Άλλες ομάδες μπορεί να μην αναγνωρίζουν ανοιχτά αυτή τη συμπεριφορά, αλλά υιοθετούν παρόμοιες πρακτικές. Με την πάροδο του χρόνου, βρίσκω συχνά τον εαυτό μου να αποφεύγεται από όλους στην ομάδα. Πού αλλού μπορούμε να δούμε αυτού του είδους τη συμπεριφορά σε ομάδες; Είναι επίσης εμφανές όταν ένας ναρκισσιστής προσπαθεί να αμαυρώσει τη φήμη κάποιου που είναι αλτρουιστής. Έχω γίνει μάρτυρας παρόμοιων δυναμικών στο νηπιαγωγείο και το δημοτικό σχολείο, όπου η συμπεριφορά μοιάζει με εκείνη συναισθηματικά ανώριμων παιδιών.

Για πολλά χρόνια απέφευγα να αναγνωρίζω αυτούς τους ανθρώπους, αλλά τώρα αναρωτιέμαι γιατί θα έπρεπε να απέχω. Ελπίζω ότι καθώς αυτοί οι υπάνθρωποι θα πέφτουν στην αφάνεια, τα λόγια μου θα αντέξουν και οι ομάδες τους θα εξαφανιστούν. Καθώς η ανθρωπότητα ωριμάζει και ξεπερνά τις συμπεριφορές που περιγράφονται σε αυτό το βιβλίο, κάποιος θα μπορέσει να πάρει αυτά τα λόγια και να δημιουργήσει μια καλύτερη θρησκεία που θα βοηθάει πραγματικά την ανθρωπότητα, αντί να την φυλακίζει στο ψέμα και το φόβο.

Ποτέ δεν αποκάλεσα κάποιον αλαζόνα ή εγωιστή σε μια θρησκευτική ομάδα, ακόμη και όταν η συμπεριφορά του υποδηλώνει σαφώς το αντίθετο. Αποφεύγω να τους προσβάλλω, παρόλο που αυτοί με προσβάλλουν συνεχώς. Με την πάροδο του χρόνου, ωστόσο, κατάφερα να κατανοήσω τις δυναμικές που παίζουν, γεγονός που έχει μειώσει το ενδιαφέρον μου για οποιοδήποτε θρησκευτικό θεσμό, επειδή πιστεύω ότι όλοι είναι ελαττωματικοί στην ουσία τους. Η ζήλια και ο φθόνος τους για τις αντιλήψεις μου είναι αποκαρδιωτικά και με κάνουν να αισθάνομαι σαν να προσπαθώ να κάνω φίλους σε ένα ψυχιατρείο. Πιστεύω επίσης ότι είναι αδύνατο να απορροφήσει κανείς τόση άγνοια χωρίς ηθικό συμβιβασμό. Το σκοτάδι των άλλων ανθρώπων μπορεί να καταλήξει να διαφθείρει την ηθική σας ακεραιότητα και την ικανότητά σας να βλέπετε καθαρά την πραγματικότητα.

Οι θρησκείες δεν δημιουργήθηκαν για όσους φιλοδοξούν να φτάσουν σε ανώτερες πνευματικές καταστάσεις. Η προσκόλληση σε αυτές και η επίτευξη μιας ανώτερης συνείδησης είναι αντιφατικές διαδικασίες. Προσωπικά, δεν είμαι διατεθειμένος να ακολουθήσω τα μονοπάτια ατόμων με τόσο περιορισμένες προοπτικές, τα οποία συχνά βλέπουν το αντίθετο της πραγματικότητας ή παρερμηνεύουν αυτό που είμαι. Δεν έχω καμία υπομονή για εκείνους που επιμένουν ότι η φαντασία τους είναι πιο έγκυρη από τα γεγονότα ή που πιστεύουν ότι μπορούν να με καταλάβουν καλύτερα από ό,τι καταλαβαίνω εγώ τον εαυτό μου μετά από μια σύντομη συνάντηση. Γι' αυτό χρησιμοποιώ όρους όπως «τρελός» και «ψυχωτικός» όταν μιλάω γι' αυτούς- δεν υπάρχει άλλος τρόπος να μεταφέρω το προφανές.

Με τα χρόνια, κουράστηκα από αυτές τις εμπειρίες. Αφού παρακολούθησα μερικές συναντήσεις με τους Ροδόσταυρους, συχνά αισθανόμουν σωματικά άρρωστος για δύο ή τρεις εβδομάδες, σαν σκοτεινές οντότητες να είχαν στραγγίξει την ενέργειά μου. Ένιωθα ενεργειακά εξαντλημένος, σαν να είχα περάσει τη μέρα μου με ενεργειακούς βρικόλακες. Υπάρχει κάτι βαθιά λάθος όχι μόνο με τις διαδικασίες της σκέψης σας, αλλά και με την ενέργειά σας.

Αυτή η συνειδητοποίηση με οδήγησε στο να καταλάβω ότι έχω εξελιχθεί σε υψηλότερες καταστάσεις συνείδησης, υψηλότερες από τις δικές τους, επειδή το να βρίσκομαι κοντά τους με κάνει να αισθάνομαι άβολα. Επιπλέον, η ύπαρξη ενός ή δύο ατόμων που συμπεριφέρονται φυσιολογικά σε μια ομάδα δεν είναι αρκετή για να αντισταθμίσει την αρνητική ενέργεια των άλλων. Μερικά άτομα αποπνέουν μια τόσο σκοτεινή και τοξική ενέργεια που και μόνο η παρουσία τους μπορεί να είναι απειλητική για τη ζωή. Μόνο όσοι έχουν παρόμοια χαμηλό ενεργειακό επίπεδο δεν θα μπορούσαν να το αναγνωρίσουν αυτό. Το φαινόμενο αυτό είναι κοινό σε όλες τις θρησκευτικές ομάδες. Παρόλο που αναγνωρίζουν τα σημάδια ενός πνευματικά εξελιγμένου ατόμου, θυμώνουν όταν βλέπουν αυτά τα χαρακτηριστικά σε άλλους, επειδή αυτό αναδεικνύει τη δική τους κατωτερότητα.

Δεν περιμένω πολλά από τους ανθρώπους εκτός από φυσιολογική συμπεριφορά, ενσυναίσθηση και πραγματική κατανόηση αυτών που διαβάζουν, αντί να καταφεύγουν σε επιθέσεις που αποσκοπούν στην προστασία της άγνοιας και των ανασφαλειών τους. Συχνά ισχυρίζονται ότι έχω πρόβλημα εγωισμού και ότι σκέφτομαι υπερβολικά τα πράγματα, λες και το να είσαι ένα απληροφόρητο άτομο με χαμηλή αυτοεκτίμηση είναι προτιμότερη επιλογή στη ζωή. Οι προσβολές τους αποκαλύπτουν περισσότερα για τον χαρακτήρα τους απ' ό,τι θα μπορούσα να προβλέψω. Η συμπεριφορά υψηλόβαθμων μελών μιας θρησκείας όπως ο Ροδόσταυρος που προσπαθούν να με πείσουν ότι έχουν περισσότερες γνώσεις από εμένα, απλώς και μόνο επειδή εκπροσωπούν την οργάνωση για δεκαετίες, ενώ εγώ τους διορθώνω με τα δικά τους κείμενα, είναι αρκετά αξιολύπητη.

Ναι, αυτό έχει συμβεί πολλές φορές! Έχω διορθώσει αρκετούς Ροδόσταυρους και Σαηεντολογικούς ηγέτες σχετικά με τις πρακτικές τους, επειδή στην πραγματικότητα δεν τις ακολουθούν- ακολουθούν τις δικές τους ερμηνείες και στη συνέχεια ισχυρίζονται ότι ακολουθούν τις κατευθυντήριες γραμμές που καθορίστηκαν από τους αποθανόντες ιδρυτές τους. Αυτή η αποσύνδεση είναι πιο συνηθισμένη απ' ό,τι αρχικά φανταζόμουν, όπως μου επιβεβαίωσαν ορισμένοι πρώην ηγέτες της Σαηεντολογίας που κατείχαν τις υψηλότερες θέσεις στην οργάνωση. Ωστόσο, αυτό το μοτίβο δεν είναι αποκλειστικό για τη Σαηεντολογία και μπορεί να παρατηρηθεί σε διάφορες θρησκευτικές ομάδες. Όσο περισσότερη εμπειρία αποκτά ένα άτομο σε διάφορες θρησκευτικές πρακτικές, τόσο περισσότερο γίνονται εμφανείς αυτές οι ομοιότητες.

Κεφάλαιο 19: Εξισορρόπηση του νου, του σώματος και του πνεύματος

Σε πολλές ομάδες, ιδίως στους Ροδόσταυρους και τους Χριστιανούς, τα μέλη συχνά δεν παραθέτουν με ακρίβεια τα κείμενά τους, αλλά τις δικές τους ερμηνείες. Όταν κάποιος εξετάζει το πραγματικό περιεχόμενο αυτών των βιβλίων, συχνά βρίσκει δηλώσεις που είναι ακριβώς αντίθετες από αυτές που ισχυρίζονται ή που δεν έχουν καμία σχέση με τους ισχυρισμούς τους. Το πρόβλημα έγκειται στους εγωισμούς τους, που είναι πεπεισμένοι για τα ψεύδη και επενδύουν υπερβολικά σε αυτά. Ως αποτέλεσμα, είναι σχεδόν αδύνατο να αλλάξει η γνώμη τους. Είναι πιο πιθανό να στρέψουν τους άλλους εναντίον σας και να αναζητήσουν δικαιολογίες για να σας αποβάλουν από την ομάδα, συνήθως για λόγους που δεν μπορείτε να ελέγξετε, όπως το να γράψετε πολλά βιβλία ή να είστε πολύ έξυπνοι για να αποδεχτείτε τα χαμηλά ηθικά τους πρότυπα. Πολλά από τα λεγόμενα ανώτερα μέλη του Ροδόσταυρου στην Πολωνία επιδεικνύουν τέτοιο ρατσισμό και μίσος που αμφισβητώ την παρουσία τους στην οργάνωση.

Αυτός ο ρατσισμός γίνεται ακόμη πιο εμφανής όταν συνδυάζεται με φθόνο, ειδικά όταν πηγάζει από μια ψυχαναγκαστική, ψυχωτική επιθυμία να κρύψουν ένα ψέμα που πιστεύουν ότι είναι αληθινό. Οι άνθρωποι δεν αλλάζουν όταν έρχονται αντιμέτωποι με στοιχεία που δείχνουν ότι κάνουν λάθος. Για παράδειγμα, όταν τα τεστ DNA αθώωσαν πολλούς άδικα φυλακισμένους ανθρώπους, αστυνομικοί, δικαστές και δικηγόροι πάλεψαν για να τους κρατήσουν στη φυλακή. Το να παραδεχτούν τα λάθη τους δεν αποτελούσε επιλογή γι' αυτούς. Έχω παρατηρήσει παρόμοια προβλήματα στην εκπαίδευση. Παρά τα θετικά αποτελέσματα που σχετίζονται με τις εναλλακτικές μεθόδους διδασκαλίας, δεν έχω συναντήσει ποτέ έναν γονέα ή δάσκαλο πρόθυμο να μάθει και να υιοθετήσει αυτές τις προσεγγίσεις, κυρίως επειδή έρχονται σε αντίθεση με τις ξεπερασμένες πρακτικές που ακολουθούσαν για χρόνια. Η αποδοχή αυτών των νέων μεθόδων θα προκαλούσε τις μακροχρόνιες πεποιθήσεις τους σχετικά με την εργασία, τη μελέτη, τη μάθηση και την ευφυΐα. Προτιμούν να θυσιάσουν το μέλλον των παιδιών τους παρά να αντιμετωπίσουν τον εγωισμό τους.

Αυτό που έχω δείξει είναι ότι η μάθηση είναι πιο αποτελεσματική όταν είναι διασκεδαστική- είναι τόσο απλό. Πολλοί άνθρωποι δυσκολεύονται να αποδεχτούν αυτή την αλήθεια, επειδή τους αναγκάζει να αντιμετωπίσουν την πραγματικότητα ότι έχουν περάσει ολόκληρη τη ζωή τους πιστεύοντας ένα ψέμα: να υπακούουν, να υποφέρουν, να επαναλαμβάνουν και, πάνω απ' όλα, να μην σκέφτονται ποτέ για τον εαυτό τους ή να απολαμβάνουν αυτό που κάνουν. Αυτή είναι η νοοτροπία που μεταδίδουν στα παιδιά τους, διαιωνίζοντας τον κύκλο για δεκαετίες. Είναι αποκαρδιωτικό να βλέπεις τόσους πολλούς ενήλικες να ζουν ανούσιες ζωές επειδή δεν μπορούν να αντιμετωπίσουν τα δικά τους λάθη και εγωισμούς και να υποβάλουν τα παιδιά τους στην ίδια μοίρα. Αυτή είναι η ατυχής πραγματικότητα των περισσότερων ανθρώπων σε αυτόν τον πλανήτη και γι' αυτό η ζωή είναι τόσο δύσκολη για τη συντριπτική πλειοψηφία.

Όταν οι διδάσκοντες προτείνουν «Αγνόησε το εγώ και θα είσαι μια χαρά», είναι σαν να βάζουν μια κουβέρτα πάνω από τα βρωμερά σκουπίδια που έχουν συσσωρεύσει και να προσποιούνται ότι δεν υπάρχουν. Αυτά τα σκουπίδια θα τους ακολουθήσουν στην επόμενη ενσάρκωσή τους, μπορώ να σας διαβεβαιώσω. Αλλά πώς μπορείς να μην αισθάνεσαι αποσυντονισμένος όταν περιβάλλεσαι από ψέματα; Είχα πάντα ένα τεράστιο αίσθημα πλήξης όταν δίδασκα και σε διάφορες θρησκευτικές ομάδες. Σε πολλές από αυτές, ένιωθα μουδιασμένος και αδύναμος, αντί για ενεργοποιημένος. Ήταν σαν να βρίσκομαι σε έκσταση, να εξασκώ την τέχνη της στασιμότητας και να αισθάνομαι ηλίθιος. Ακόμα και ένα πάρτι ρέιβ είναι πιο ενεργητικό. Μετά την παρακολούθηση θρησκευτικών συναντήσεων, το μυαλό μου μουδιάζει. Καθώς το μυαλό μου είναι το κύριο εργαλείο μου για τη συγγραφή, δεν μπορώ να παράγω ποιοτική δουλειά χωρίς αυτό.

Ξοδεύω ολόκληρες μέρες διαβάζοντας και αναλύοντας πληροφορίες, οπότε η άμεση εμπειρία μου καθιστά σαφές ότι οι περισσότεροι άνθρωποι με πνίγουν πνευματικά και μόνο με την παρουσία τους στον ίδιο χώρο. Στην πραγματικότητα, ένας από τους λόγους για τους οποίους άρχισα να γράφω βιβλία ήταν η συνειδητοποίηση ότι αυτός ο πλανήτης είναι γεμάτος από παράλογα άτομα, και η περισσότερη λογοτεχνία διαιωνίζει αυτή την παραφροσύνη αντί να την αντιμετωπίζει. Για τους λόγους αυτούς, δεν περίμενα να βρω αναγνώστες ικανούς να κατανοήσουν τα κείμενά μου σε αυτή τη ζωή. Πίστευα ότι, ίσως σε τρεις χιλιάδες χρόνια από τώρα, κάποιος θα εκτιμούσε τα βιβλία μου και θα τα χρησιμοποιούσε για να προωθήσει σημαντικές αλλαγές στην κοινωνία.

Ήμουν απογοητευμένος και καταθλιπτικός για μεγάλο χρονικό διάστημα. Τώρα, όταν κάθομαι σε μια καφετέρια, πιάνω τον εαυτό μου να εκτιμά την απογοήτευση και την κατάθλιψη των άλλων ανθρώπων, απορώντας που δεν αναγνωρίζουν ποια είμαι, δεν διαβάζουν τα βιβλία μου και δεν ενδιαφέρονται. Συχνά ακούω ηχητικά βιβλία με ακουστικά, και όταν το ανέφερα αυτό σε μερικούς ανθρώπους που συνάντησα, γέλασαν λες και η χαλάρωση με ηχητικά βιβλία ήταν μια χαζή ιδέα, παρά ένας αποτελεσματικός τρόπος για να αποκτήσει κανείς πολύτιμες γνώσεις και να εξοικονομήσει χρόνο. Αυτό καταδεικνύει την άγνοια πολλών ανθρώπων, οι οποίοι όχι μόνο είναι εντελώς ανενημέρωτοι, αλλά και απορρίπτουν προτάσεις που θα μπορούσαν να τους βοηθήσουν να αποκτήσουν γνώσεις με τον ευκολότερο δυνατό τρόπο: απλά με το να μην κάνουν τίποτα. Θεωρούν ότι αυτός ο χρόνος αδράνειας είναι πολύτιμος και πιστεύουν ότι πρέπει να διατηρηθεί μόνο και μόνο για να ικανοποιήσουν τον απατηλό εγωισμό τους και τη μίζερη ζωή τους.

Σαν να μην έφτανε αυτό, σήμερα, ενώ καθόμουν σε ένα καφέ στην Κροατία και άκουγα ένα βιβλίο, κάποιος φώναξε: «Πεντάγωνο!». Κοίταξα τον μπαρίστα, αναρωτώμενος αν επρόκειτο για αστείο, και εκείνος συνέχισε: «Δουλεύεις για το Πεντάγωνο; Γιατί φοράτε ακουστικά και πληκτρολογείτε στο κινητό σας;».

Το επίπεδο της άγνοιάς του με άφησε άφωνο. Αυτό κάνουν οι αδαείς άνθρωποι! Κάθε φορά που συναντούν κάτι που δεν ταιριάζει με τη στενή τους άποψη για τον κόσμο, το αναλύουν μέσα από τον ίδιο φακό της άγνοιας, συχνά βασιζόμενοι στις ταινίες που παρακολουθούν στην τηλεόραση, επειδή σπάνια έχουν κάτι πιο ουσιαστικό ως πηγή πληροφόρησης. Ειλικρινά, οι περισσότεροι ενήλικες θα έπρεπε να περιορίζονται στην παρακολούθηση κινουμένων σχεδίων, καθώς δεν είναι αρκετά ώριμοι διανοητικά για να κατανοήσουν πιο σύνθετες ταινίες. Αγνόησα αυτό το άτομο, το οποίο προφανώς δεν είχε ιδέα ότι ένα άτομο μπορεί να ακούσει ένα βιβλίο. Αυτή η έννοια δεν αποτελεί μέρος της περιορισμένης πραγματικότητάς του, και πιθανότατα δεν τη συναντά καν συχνά. Οι άνθρωποι απλώς δεν διαβάζουν βιβλία. Συνειδητοποίησα ότι ήταν καλύτερα να παραμείνω σιωπηλός και να τον αφήσω να πιστέψει ότι είχα κάποιο μεγάλο μυστικό που δεν θα ανακάλυπτε ποτέ, ενώ, στην πραγματικότητα, το μεγαλύτερο μυστικό είναι ότι έχουν βαθιά άγνοια.

Κεφάλαιο 20: Βήματα προς τη μεταμόρφωση

Ο μέσος άνθρωπος μοιάζει πολύ αδαής για να εκτιμήσει οτιδήποτε πολύτιμο. Σε γενικές γραμμές, δεν έχουν την επίγνωση για να αναγνωρίσουν τι είναι πραγματικά πολύτιμο. Σε έναν κόσμο γεμάτο άγνοια, βρίσκω τον εαυτό μου να χαρακτηρίζεται ως κάποιος παράξενος επειδή επιλέγω να ακούω βιβλία αντί να σπαταλάω τον χρόνο μου κοιτάζοντας βάρκες στον ωκεανό όπως όλοι οι άλλοι. Οι άνθρωποι μπορεί να νομίζουν ότι δεν αντιλαμβάνομαι την παρουσία τους όταν κάθονται πίσω μου σε μια καφετέρια ή περνούν δίπλα μου ενώ χρησιμοποιώ το φορητό μου υπολογιστή, αλλά πάντα αναρωτιέμαι τι περιμένουν να δουν πέρα από ένα απλό κείμενο ή τι μπορεί να αντιπροσωπεύει αυτό το κείμενο πέρα από ένα βιβλίο. Στην Ευρώπη, πολλοί πολίτες είναι πολύ απληροφόρητοι για να αναγνωρίσουν έναν συγγραφέα, και έχω παρατηρήσει ότι όσο πιο αδαείς είναι, τόσο πιο διαστρεβλωμένη γίνεται η φαντασία τους σχετικά με αυτό που φαντάζονται ότι βλέπουν. Συχνά με θεωρούν κατάσκοπο ή εγκληματία. Κάποιοι φίλοι με έχουν ρωτήσει: «Γιατί σε νοιάζει;». Νοιάζομαι γιατί είναι απογοητευτικό να γίνεσαι μάρτυρας αυτής της συμπεριφοράς σε καθημερινή βάση- είναι σαν να βρίσκεσαι σε μια ζούγκλα περιτριγυρισμένη από άγριες μαϊμούδες.

Επειδή ο εγκέφαλός μου λειτουργεί διαφορετικά από τον δικό τους, συχνά συναντώ απροσδόκητες και παράλογες συμπεριφορές και αντιδράσεις. Ό,τι λέω σε αυτούς τους ανθρώπους συχνά περνάει πάνω από το κεφάλι τους, επειδή είναι πολύ αδαείς για να διακρίνουν την αλήθεια από το ψέμα. Συχνά, δεν πιστεύουν καν το όνομά μου. Αναρωτιέμαι: τι διαφορά έχει το όνομα ενός ατόμου για κάποιον τόσο αδαή; Πόσα νομίζουν ότι μπορούν να κερδίσουν προσπαθώντας να προσδιορίσουν αν ένα όνομα είναι αληθινό ή ψεύτικο; Αν είχα ένα αραβικό, κινεζικό ή αφρικανικό όνομα, θα είχε διαφορά;

Όταν λέω ότι οι άνθρωποι έχουν βαθιά άγνοια, δεν υπερβάλλω, απλώς παρατηρώ. Δεν υπάρχει καμία λογική αιτιολόγηση για αυτή τη συμπεριφορά. Αν και μπορεί κανείς να υποθέσει ότι τα προβλήματα αυτά προέρχονται από τον ρατσισμό και την προκατάληψη, τελικά αντανακλούν την άγνοια. Η αντιμετώπιση των αδαών ανθρώπων μπορεί να είναι πρόκληση- συχνά γελούν με τις καλύτερες προτάσεις σας, δεν σέβονται τους πιο έμπειρους ανθρώπους και προσβάλλουν τους άλλους χωρίς προφανή λόγο. Είναι ιδιαίτερα εκπληκτικό να γίνεσαι μάρτυρας αυτής της συμπεριφοράς σε θρησκευτικές ομάδες. Σε ορισμένες περιπτώσεις, όταν ανέφερα ότι είμαι συγγραφέας, γελούσαν με αυτό ως αστείο ή ψέμα. Κανείς δεν μπήκε στον κόπο να ρωτήσει πού μπορούν να βρουν τα βιβλία μου- απλώς υπέθεσαν ότι δεν ξέρω τίποτα. Τι είδους πνευματικότητα είναι αυτή;

Παρατήρησα μια αλλαγή σε αυτή τη συμπεριφορά μόνο όταν επρόκειτο να ταξιδέψω, γεγονός που υποδηλώνει ότι αυτοί οι υποκριτές που ισχυρίζονται ότι τα χρήματα δεν είναι σημαντικά εκτιμούν τα πνευματικά βιβλία μόνο όταν ο συγγραφέας απολαμβάνει έναν τρόπο ζωής που ζηλεύουν. Μερικοί άνθρωποι με κάλεσαν για καφέ ή δείπνο πριν φύγω από τη χώρα τους για να μάθουν περισσότερα για τα γραπτά μου, και αυτοί είναι οι λίγοι που αναγνωρίζουν την ανοησία τους. Αλλά ποτέ δεν μου έδειξαν κανένα σεβασμό. Αυτό δεν έχει συμβεί περισσότερες από τρεις ή τέσσερις φορές τα τελευταία είκοσι χρόνια. Οι περισσότεροι άνθρωποι διαβάζουν το έργο μου κρυφά, χωρίς να μου το λένε, ή δεν θέλουν να με γνωρίσουν, παρόλο που τους αρέσει η γραφή μου.

Υπάρχουν και εκείνοι που διαβάζουν τα βιβλία μου αλλά δεν με έχουν συναντήσει ποτέ από κοντά, παρόλο που ζουν στην ίδια πόλη που επισκέπτομαι. Περιστασιακά, αυτοί οι αναγνώστες μου γράφουν και όταν τους προσκαλώ για καφέ, με απορρίπτουν. Ωστόσο, συνεχίζουν να μου κάνουν ερωτήσεις για τα βιβλία μου και τη ζωή μου. Ίσως νιώθουν εκφοβισμένοι, αλλά γιατί; Δεν είναι παράλογο να στέλνω ερωτήσεις σε κάποιον που ζει κοντά μου; Αν ένας από τους αγαπημένους μου συγγραφείς με καλούσε να μιλήσω, θα δεχόμουν αμέσως, ακόμη και πριν τελειώσω το μήνυμα. Ωστόσο, το ανθρώπινο μυαλό παραμένει εντυπωσιακά πρωτόγονο.

Όλοι έχουν πεποιθήσεις- έτσι αντιλαμβάνεται το εγώ την πραγματικότητα. Λίγοι, ωστόσο, μπορούν να δουν πώς οι πεποιθήσεις τους περιορίζουν την εμπειρία τους από αυτήν. Το επόμενο στάδιο, γνωστό ως ορθολογισμός, προέρχεται από την αποδοχή αυτών των εμπειριών. Ωστόσο, όλοι έχουν απόψεις για πράγματα που δεν συνειδητοποιούν καν ότι είναι λανθασμένες. Οι περισσότεροι άνθρωποι είναι κυριολεκτικά τυφλωμένοι από την ανάγκη τους για επιβεβαίωση. Η αλήθεια δεν είναι κάτι που μπορούν να διατυπώσουν ή να σχολιάσουν- δεν είναι πραγματική γι' αυτούς, ακόμη κι αν ένας συγγραφέας είναι πρόθυμος να ασχοληθεί μαζί τους.

Όταν ξυπνάτε, η αλήθεια γίνεται ξεκάθαρη, αλλά η εφαρμογή της είναι σχετική. Πρέπει να μάθεις να αναζητάς τους διαφορετικούς τρόπους με τους οποίους εκδηλώνεται η αλήθεια, γιατί σε καθέναν από αυτούς μπορείς να δεις το πείσμα και τους περιορισμούς του ανθρώπινου νου. Οι άνθρωποι έχουν διαφορετικές προοπτικές, αλλά βλέπουν τον εαυτό τους μόνο μέσα από τους δικούς τους φακούς. Όταν περιγράφουν κάτι, το φιλτράρουν μέσα από το εγώ τους. Σχεδόν κανένας δεν έχει άμεση σχέση με την πραγματικότητα- οι αντιλήψεις τους διαμορφώνονται από μοτίβα που έχουν λειτουργήσει γι' αυτούς από την παιδική τους ηλικία. Είναι υποπροϊόντα των εμπειριών της ζωής τους. Όταν οι πεποιθήσεις τους αποτυγχάνουν, τα άτομα αυτά αγωνίζονται να προσαρμοστούν και να αντιμετωπίσουν τον ίδιο τον θάνατο. Το μόνο που μπορούν να κάνουν είναι να προσκολληθούν στα ίδια μοτίβα που ακολούθησαν και πριν, ακόμη και αν αυτό οδηγεί στην πτώση τους.

Μπορεί να φαίνεται εξαιρετικό να υποθέσουμε ότι οι μεγαλύτεροι πνευματικοί ηγέτες δεν έκαναν τίποτε περισσότερο από το να διδάξουν στους ανθρώπους να συμπεριφέρονται με έναν πιο φυσιολογικό τρόπο, χρησιμοποιώντας την κοινή λογική, αλλά αυτό συμβαίνει μόνο επειδή τα ανθρώπινα όντα παραμένουν το ίδιο παράλογα όσο ποτέ άλλοτε. Σε έναν πιο εξελιγμένο πολιτισμό, οι διάσημοι πνευματικοί παράγοντες θα θεωρούνταν συνηθισμένα άτομα προικισμένα με κοινή λογική. Είναι μια αναπόφευκτη συνέπεια ότι εκείνοι που διαθέτουν κοινή λογική τείνουν να γίνονται ηγέτες, απλώς και μόνο επειδή οι μάζες δεν κατανοούν ή δεν εφαρμόζουν την κοινή λογική.

Δεν μπορεί κανείς να συζητήσει για την ανάληψη ή την πνευματική αφύπνιση χωρίς να αναφερθεί στη σημασία της κοινής λογικής, διότι η πνευματικότητα δεν μπορεί να υπάρξει χωρίς αυτήν. Ωστόσο, οι μάζες βρίσκονται σε τόσο χαμηλό πνευματικό επίπεδο που δεν μπορούν να αναγνωρίσουν εκείνους που βρίσκονται στα υψηλότερα επίπεδα- αντίθετα, τους περιφρονούν και τους γελοιοποιούν. Σέβονται μόνο εκείνους που, παρά το γεγονός ότι βρίσκονται σε εξίσου χαμηλό πνευματικό επίπεδο, προσφέρουν εναλλακτικές λύσεις στην ίδια νοοτροπία. Ο νους πρέπει να αποτύχει στην αυτοεξέταση πριν μπορέσει να ανέλθει σε υψηλότερα επίπεδα.

Κεφάλαιο 21:
Η φύση
της ανθρώπινης
άγνοιας

Εκείνος που δεν μπορεί να ελέγξει τις επιθυμίες του και παρόλα αυτά λαχταρά έναν κόσμο με μεγαλύτερες απολαύσεις είναι ανόητος. Το ίδιο ισχύει και για εκείνους που λαχταρούν για περισσότερη αγάπη αλλά δεν μπορούν να δείξουν συμπόνια. Οι περισσότεροι άνθρωποι είναι τόσο απορροφημένοι από τις ανάγκες τους και τον εγωισμό τους που δεν μπορούν να εκπληρώσουν αυτές τις φυσικές επιθυμίες. Εν τω μεταξύ, οι ταινίες συνεχίζουν να προπαγανδίζουν αξίες που συνάδουν με τις ίδιες αυτές πεποιθήσεις. Ως αποτέλεσμα, οι μάζες, έχοντας μάθει από τις οθόνες των υπολογιστών και των τηλεοράσεων, έχουν υποστεί τέτοια πλύση εγκεφάλου που ζουν σε μια διαρκή ψευδαίσθηση.

Οδεύουμε όλοι προς την ίδια κατεύθυνση, αλλά συχνά συγχέουμε αυτή την κατεύθυνση με την κοινή γνώμη. Η κοινή κατεύθυνση και η κοινή γνώμη δεν είναι το ίδιο πράγμα. Αν το μονοπάτι δείχνει προς μια κατεύθυνση, αλλά όλοι πηγαίνουν προς την αντίθετη κατεύθυνση, είναι σαφές ότι πηγαίνουν προς τη λάθος κατεύθυνση. Ο σωστός δρόμος παραμένει μοναδικός και αμετάβλητος, αλλά απορρίπτεται από την πλειοψηφία.

Αυτό το φαινόμενο εμφανίζεται όταν οι άνθρωποι υποθέτουν ότι υπάρχουν πολλές απόψεις και ότι η αλήθεια είναι σχετική και επικυρώνεται μόνο από την πλειοψηφία. Επιφανειακά, μπορεί να φαίνεται ότι όλοι είμαστε διαφορετικοί, κατευθυνόμαστε προς διαφορετικές κατευθύνσεις και μαθαίνουμε ο ένας από τον άλλον. Ωστόσο, διευρύνοντας την κατανόησή σας για την αλήθεια, αρχίζετε να βλέπετε τα πράγματα διαφορετικά και συνειδητοποιείτε ότι τα πάντα είναι αλληλένδετα, συμπεριλαμβανομένων των πνευματικών μας μονοπατιών. Αυτή η διασύνδεση περιλαμβάνει όλες τις διαφορές, τα χρώματα και τις κουλτούρες μας, γιατί η κουλτούρα είναι απλώς μια ψευδαίσθηση. Κάθε άνθρωπος δεν αντιπροσωπεύει τη γη στην οποία γεννήθηκε- ο καθένας έχει ένα πνεύμα που εκδηλώνεται σε μια συγκεκριμένη περιοχή σε αυτή τη ζωή, επειδή το πνεύμα πρέπει να εκφραστεί κάπου. Αφομοιώνετε τις αξίες μιας κουλτούρας ως την αρχική σας προσέγγιση στον κόσμο γύρω σας, φιλτράροντας τις αξίες και τις αναμνήσεις που σας οδηγούν στην τρέχουσα κατάστασή σας. Ωστόσο, το να λέτε ότι προσδιορίζεστε από μια συγκεκριμένη περιοχή είναι απατηλό, διότι αυτή η περιοχή δεν είναι μια σταθερή πραγματικότητα. Οποιοσδήποτε με αρκετή δύναμη -πολιτική, στρατιωτική ή άλλη- μπορεί να διεκδικήσει μια περιοχή, να την αποκαλέσει «μπανανία» και αμέσως γίνεσαι «πολίτης της μπανανίας».

Επιπλέον, αν ορισμένοι πόλεμοι είχαν κερδηθεί από διαφορετικές παρατάξεις, ο παγκόσμιος χάρτης θα ήταν πολύ διαφορετικός σήμερα. Για μια σύντομη περίοδο, η Ευρώπη ήταν στα πρόθυρα να γίνει εντελώς γερμανική ή εντελώς ρωσική. Αν οι τεκτονικές πλάκες χώριζαν την Ευρώπη στα δύο, αν ένα ηφαίστειο ξέσπαγε και μετέτρεπε τα πάντα σε στάχτη ή αν μια ατομική βόμβα πυροδοτούνταν στην περιοχή, οι περισσότερες χώρες θα εξαφανίζονταν μέσα σε δευτερόλεπτα. Την ίδια μοίρα θα είχαν ολόκληρες ήπειροι αν τις κατάπινε ο ωκεανός ή αν μετατοπίζονταν οι πόλοι του πλανήτη.

Θα μπορούσα να αναφέρω πολλά άλλα παραδείγματα για να καταδείξω την άποψή μου, ιδίως σε σχέση με τη νομαδική μας φύση. Αν κοιτάξετε τους ανθρώπους, θα δείτε ότι ο καθένας είναι τόσο συνυφασμένος με διαφορετικούς πολιτισμούς από όλο τον κόσμο, ώστε ο προσδιορισμός του εαυτού σας ως πολίτη ενός συγκεκριμένου έθνους είναι σαν να ισχυρίζεστε ότι ένα τυχαίο δείγμα των προγόνων σας καθορίζει ποιος είστε σήμερα. Αυτό είναι πλήρης ανοησία, αλλά οι άνθρωποι πιστεύουν αυτή την πλάνη. Αυτού του είδους ο παραλογισμός διαπερνά και την αντίληψη των ανθρώπων για τη μετενσάρκωση. Πολλοί τη συζητούν σαν να επρόκειτο για ένα τηλεοπτικό πρόγραμμα, αλλά αδυνατούν να κατανοήσουν τις βαθιές επιπτώσεις της στην ανθρώπινη ύπαρξη.

Λαμβάνοντας υπόψη ότι γεννηθήκατε σε πολλά μέρη, η ταυτότητά σας διαμορφώνεται από πολλές πολιτισμικές επιρροές, όχι μόνο από μία. Ίσως σας αρέσει το κάρυ, μπορείτε να τρώτε με ξυλάκια χωρίς οδηγίες, έχετε μια ανεξήγητη επιθυμία να παίζετε με ταύρους, να ψαρεύετε πιράνχας ή να ψήνετε ταραντούλες. Ίσως θέλετε να γίνετε ξανά πειρατής ή να κυνηγήσετε με τόξο και βέλη. Σε κάθε περίπτωση, κουβαλάτε μαζί σας προδιαθέσεις από το παρελθόν σας. Όταν ήμουν παιδί, για παράδειγμα, έκανα πάντα ακριβείς ερωτήσεις στους γιατρούς, τόσο αιχμηρές που κάποιοι από αυτούς θύμωσαν. Σχολίαζαν ότι κανείς δεν είχε αμφισβητήσει ποτέ τόσο διεξοδικά την ακεραιότητά τους. Επιφανειακά, ένιωθα σαν να τους ανακρίνει ένα παιδί, αλλά κατά βάθος ήξερα ότι πολλές από τις ερωτήσεις μου ήταν σημαντικές, ακόμη και αν δεν μπορούσα να εξηγήσω γιατί ή πώς ήξερα ποιες ερωτήσεις να κάνω. Χρόνια αργότερα, ανακάλυψα ότι σε μια προηγούμενη ζωή μου ήμουν διάσημος γιατρός. Η ικανότητά μου να αμφισβητώ και να εκλογικεύω τις λειτουργίες του σώματος και της θεραπείας ήταν ακόμα μέρος του εαυτού μου.

Ωστόσο, ήμουν κακός μαθητής και γεννήθηκα σε ένα δυσμενές περιβάλλον. Αυτό είναι κάτι που οι άνθρωποι συχνά δεν καταλαβαίνουν- υποθέτουν ότι αν ήμασταν σημαντικοί σε μια ζωή, θα συνεχίσουμε να είμαστε σημαντικοί και στην επόμενη. Έχετε προσπαθήσει ποτέ να διαβάσετε το ίδιο βιβλίο πέντε φορές ή να συγκεντρωθείτε στις σπουδές σας ενώ παλεύετε να φάτε αρκετά; Ή να σκέφτεστε όπως κάποιος που μεγάλωσε από στοργικούς γονείς ενώ περιβάλλεται από ναρκισσιστές; Είναι απίστευτα δύσκολο- δεν μπορείτε να συγκεντρωθείτε και χάνετε το ενδιαφέρον σας για το διάβασμα. Κι αν δεν μπορείτε να θυμηθείτε ότι έχετε ήδη διαβάσει τα βιβλία και απλά σας καταβάλλει η έλλειψη ενδιαφέροντος; Αυτό το σενάριο ισχύει για τους περισσότερους μαθητές που έχουν συσσωρεύσει σημαντικές γνώσεις σε προηγούμενες ζωές, αλλά δεν τις εκδηλώνουν με τρόπο που να είναι αναγνωρίσιμος στους άλλους.

Κεφάλαιο 22: Ο ρόλος της γνώσης στην πνευματική ανάπτυξη

Ο αυξανόμενος αριθμός παιδιών που διαγιγνώσκονται με ΔΕΠΥ (Διαταραχή Ελλειμματικής Προσοχής και Υπερκινητικότητας) δεν αντανακλά απλώς μια ψυχική ασθένεια, αλλά την ανάγκη να εξελιχθεί η κατανόηση της μάθησης και της συμπεριφοράς. Μόνο όσοι βιώνουν για πρώτη φορά ένα μονότονο εκπαιδευτικό σύστημα μπορούν να εκτιμήσουν πλήρως το έντονο ενδιαφέρον του. Δυστυχώς, η κατάσταση αυτή σημαίνει ότι πολλά άτομα με μεγάλες δυνατότητες αντιμετωπίζουν ακαδημαϊκές δυσκολίες, ενώ θα μπορούσαν να επιτύχουν μέσω εναλλακτικών μονοπατιών. Η ικανότητα να ανακαλύπτουν αυτά τα νέα μονοπάτια και να ξεπερνούν τα εμπόδια βασίζεται συνήθως σε εμπειρίες και δεξιότητες που αποκτήθηκαν σε προηγούμενες ζωές.

Η μετενσάρκωση επηρεάζει επίσης τη γενετική μας σύσταση, αν και σε μικρότερο βαθμό από ό,τι η βιολογική μας οικογένεια. Κατά συνέπεια, οι δυνατότητές μας, τόσο οι πνευματικές όσο και οι φυσικές, μπορούν να διαμορφωθούν σημαντικά από κληρονομικούς παράγοντες και να μειωθούν ακόμη και να μειωθούν. Για παράδειγμα, είναι πολύ πιο δύσκολο, αν και όχι αδύνατο, για ένα παιδί που γεννιέται από ανενημέρωτους και αμελείς γονείς να φτάσει σε μια ιδανική κατάσταση. Από την άλλη πλευρά, ένα άλλο παιδί μπορεί να ευδοκιμήσει παρά το γεγονός ότι περιβάλλεται από ανθυγιεινές συνήθειες. Ωστόσο, λόγω της επικρατούσας κοσμοθεωρίας της ισότητας, πολλά από όσα είναι γνωστά για τις κληρονομικές επιρροές παραμένουν αποσιωπημένα στο δημόσιο διάλογο.

Ίσως η πιο ενδιαφέρουσα πτυχή της μετενσάρκωσης είναι η ιδέα ότι συχνά μετενσαρκωνόμαστε ως πρώην αντίπαλοί μας. Ένας ρατσιστής μπορεί να ξαναγεννηθεί ως έγχρωμο άτομο, ένας αποικιοκράτης ως αποικιοκρατούμενο άτομο και ένας αφέντης ως σκλάβος. Οι περιορισμοί της ανθρώπινης συνείδησης είναι τέτοιοι που συχνά δεν χρειάζεται να συζητήσουμε ρητά τη μετενσάρκωση για να παρατηρήσουμε τα αποτελέσματά της. Το μόνο που χρειάζεται είναι να δώσουμε προσοχή στις δυαδικότητες και στο πώς αυτές διευκολύνουν την υπέρβασή μας μέσω της γνώσης, της προοπτικής και της αυτο-αγάπης.

Επιπλέον, η κατανόηση των νόμων του κάρμα μας επιτρέπει να απεικονίσουμε πώς τα άτομα διατηρούν προδιαθέσεις από προηγούμενες ζωές και πόσο έντονα προσκολλώνται σε αυτά τα χαρακτηριστικά. Για παράδειγμα, ένα άτομο που περιφρονεί τη ζωή του μπορεί να απορροφηθεί τόσο πολύ από τα συναισθήματα μίσους που αγνοεί τις ευκαιρίες για αλλαγή που του προσφέρει η ζωή: έναν συγγραφέα που θα μπορούσε να του προσφέρει καθοδήγηση, ένα βιβλίο στο ράφι που θα μπορούσε να τον εμπνεύσει ή μια δουλειά που απορρίπτει ως ανάξια λόγω ανεπαρκούς αμοιβής ή τοποθεσίας. Αυτές οι ευκαιρίες συχνά αγνοούνται από εκείνους που επαναλαμβάνουν πεισματικά καρμικά μοτίβα.

Μερικές φορές η άγνοια είναι τόσο κραυγαλέα που αναρωτιόμαστε γιατί οι άνθρωποι δεν το βλέπουν. Αυτό είναι εμφανές στους Λιθουανούς που εξακολουθούν να φοβούνται τους Ρώσους και τους επικρίνουν για τις εισβολές του παρελθόντος ή στους Βραζιλιάνους που καταδικάζουν τον πορτογαλικό αποικισμό αιώνες πριν, παρόλο που έχουν επώνυμα που ανάγονται στους προγόνους τους. Στην ουσία, εκφράζουν μίσος για τους ίδιους τους προγόνους τους, ενεργώντας σαν να ήταν άλλοι άνθρωποι που επιτέθηκαν στο έθνος τους. Στην πραγματικότητα, η σύνδεσή τους με τη γη είναι ισχνή, καθώς γεννήθηκαν εκεί μετά την εγκατάσταση ενός προγόνου τους στην περιοχή.

Αν και αυτή η έννοια δεν είναι δύσκολο να κατανοηθεί, είναι το σημείο όπου πολλοί ρατσιστές και εθνικιστές κάνουν λάθος. Είναι σχεδόν ειρωνικό να βλέπεις ένα άτομο που φαίνεται να είναι πλήρως Σουηδός να εκφράζει υπερηφάνεια για την Αγγλία, όταν οι πρόγονοί του πιθανώς συνέβαλαν στα δεινά πολλών από αυτούς τους ανθρώπους επιτρέποντάς τους να γεννηθούν εκεί αιώνες αργότερα. Αυτή η αντίφαση εγείρει ερωτήματα σχετικά με το τι βλέπουν αυτά τα άτομα όταν κοιτάζονται στον καθρέφτη και γιατί οι Βορειοαμερικανοί πιστεύουν ότι έχουν περισσότερα δικαιώματα από τους αυτόχθονες πληθυσμούς που κατοικούν τη γη για πολύ μεγαλύτερο χρονικό διάστημα. Πολλοί άνθρωποι είναι τόσο ασυνείδητοι που δεν μπορούν να δουν αυτές τις αλήθειες ή να δουν τον εαυτό τους όπως πραγματικά είναι. Αυτό δείχνει πόσο βαθιά κοιμισμένοι είναι οι περισσότεροι άνθρωποι. Το ίδιο ισχύει και για πολλούς ρατσιστές που πιστεύουν λανθασμένα ότι το χρώμα του δέρματός τους τους διακρίνει από εκείνους με πιο σκούρο δέρμα, χωρίς να συνειδητοποιούν ότι οι δικοί τους πρόγονοι είχαν πιθανότατα πιο σκούρο δέρμα και ότι οι αλλαγές στο χρώμα του δέρματος συνέβησαν με την πάροδο των γενεών λόγω της μετανάστευσης.

Η επιστήμη έχει εξηγήσει σε μεγάλο βαθμό αυτό το φαινόμενο, μεταξύ άλλων μέσω αναλύσεων DNA. Ωστόσο, είναι δύσκολο να εξαλείψουμε την άγνοια- το καλύτερο που μπορούμε να κάνουμε είναι να αποδείξουμε ότι οι ρατσιστές αντιπροσωπεύουν το χαμηλότερο επίπεδο της ανθρωπότητας, τους πιο διανοητικά προβληματικούς ανάμεσά μας. Είναι ατυχές το γεγονός ότι πολλοί από αυτούς τους ρατσιστές κατοικούν σε χώρες που τους δίνουν σχετική δύναμη και πλούτο, γεγονός που τους επιτρέπει να επηρεάζουν την παγκόσμια πολιτική. Ο ρατσισμός θα έπρεπε να αποτελεί κατάλοιπο του παρελθόντος και όχι συστατικό στοιχείο της σύγχρονης πολιτικής ατζέντας, όπως βλέπουμε στην Πολωνία του 21ου αιώνα.

Επιπλέον, πρέπει να λάβουμε υπόψη μας τα πολλά άτομα που γεννήθηκαν από βιασμό και εξαπάτηση, ένα θέμα που συχνά αγνοείται στα βιβλία ιστορίας και στα πιστοποιητικά γέννησης. Αυτή η πραγματικότητα συμβάλλει στη γενετική ποικιλομορφία και τη mestizaje, καθιστώντας τις έννοιες του ανήκειν ακόμη πιο περίπλοκες. Μια και μόνο συνάντηση - είτε πρόκειται για μια φευγαλέα στιγμή πάθους είτε για μια πράξη βίας - μπορεί να αποσταθεροποιήσει οποιαδήποτε θεωρία σχετικά με την καταγωγή ή την ταυτότητα κάποιου. Επιπλέον, σύγχρονες μελέτες δείχνουν ότι ένα σημαντικό ποσοστό παιδιών είναι αποτέλεσμα περιστασιακών σεξουαλικών επαφών.

Μια μελέτη της Αμερικανικής Ένωσης Τραπεζών Αίματος (AABB) διαπίστωσε ότι περίπου το 30% των ανδρών που αναζήτησαν τεστ πατρότητας ανακάλυψαν ότι δεν ήταν οι βιολογικοί πατέρες των παιδιών που μεγάλωναν. Ωστόσο, η μελέτη αυτή επικεντρώθηκε σε μια συγκεκριμένη ομάδα ανδρών που είχαν λόγους να αμφιβάλλουν για την πατρότητά τους, γεγονός που υποδηλώνει ότι το πραγματικό ποσοστό στον γενικό πληθυσμό μπορεί να είναι υψηλότερο. Η εμμονή ορισμένων Αμερικανών ανδρών με τον διαχωρισμό και τον ρατσισμό μπορεί να πηγάζει από ένα ψυχολογικό σύνδρομο που σχετίζεται με την αβεβαιότητα σχετικά με την πατρική τους καταγωγή. Η ντροπή συχνά γεννά θυμό, διακρίσεις, διαχωρισμό και ρατσισμό, ένα μοτίβο που είναι εμφανές σε όλη την ιστορία της χώρας. Από την εποχή της αποικιοκρατίας έως τα μέσα του 20ού αιώνα, πολλές πολιτείες εφάρμοσαν νόμους κατά του μιγάδα για να διατηρήσουν τον διαχωρισμό και την υπεροχή των λευκών.

Σήμερα, σύμφωνα με τα Κέντρα Ελέγχου και Πρόληψης Νοσημάτων (CDC), περίπου το 40% όλων των γεννήσεων στις Ηνωμένες Πολιτείες γίνεται από ανύπαντρες μητέρες. Αυτό το στατιστικό στοιχείο υποδηλώνει ότι πολλοί άνδρες μπορεί να μην κατανοούν πλήρως τις οικογενειακές τους σχέσεις. Είναι ειρωνικό να παρατηρεί κανείς πώς ορισμένοι άνδρες έχουν εμμονή με τους φυλετικούς διαχωρισμούς, κατηγοριοποιώντας τους ανθρώπους ως λευκούς, κίτρινους, μαύρους ή καφετί, σαν να αντιμετωπίζουν ένα παιδικό τραύμα. Όσοι εμμένουν στις φυλετικές διακρίσεις είναι συχνά αποκομμένοι από την πραγματικότητα. Η ίδια παραφροσύνη γίνεται όλο και πιο εμφανής στην Ευρώπη, όπου οι άνθρωποι συχνά κρίνονται και προσβάλλονται με βάση το χρώμα του δέρματός τους.

Φαίνεται ότι ορισμένες περιοχές του κόσμου οπισθοδρομούν αντί να προοδεύουν.

Κεφάλαιο 23:
Οι κίνδυνοι της απάθειας

Μεταξύ αυτών που έχουν εμμονή με την καταγωγή, οι πολίτες των ΗΠΑ συχνά ξεχωρίζουν ως ιδιαίτερα αστείοι. Πώς μπορεί μια Αμερικανίδα να ισχυρίζεται ότι έχει ιταλική καταγωγή, αν δεν γνωρίζει την καταγωγή των περισσότερων μελών της οικογένειάς της; Στην καλύτερη περίπτωση, μπορεί να προέρχεται από λιγότερο διάσημες ιταλικές οικογένειες, οικογένειες που ακόμη και οι ίδιοι οι Ιταλοί ίσως ντρέπονται να αναγνωρίσουν. Αν δεν ήσασταν εγκληματίας, εξαιρετικά φτωχός ή τουλάχιστον πολιτικός αντιφρονών, δεν θα υπήρχαν πολλά κίνητρα για να μετακομίσετε σε μια χώρα όπου οι άνθρωποι γενικά φαίνονται παράλογοι και παλεύουν να επιβιώσουν με κάθε δυνατό τρόπο, με ελάχιστες δημόσιες συγκοινωνίες, χωρίς καθολική υγειονομική περίθαλψη, περιορισμένη κοινωνική ασφάλιση και χωρίς κοινωνική συνοχή. Ακόμη και σήμερα, οι Ηνωμένες Πολιτείες μπορούν να θεωρηθούν ανέκδοτο. Αν δεν υπήρχαν οι αμέτρητες διεφθαρμένες συμφωνίες, οι πόλεμοι και η ιδιότητα του δολαρίου ως παγκόσμιο νόμισμα συναλλαγών, οι Ηνωμένες Πολιτείες -η χώρα των ελεύθερων εγκληματιών και της πολιτιστικής ιδιοποίησης- θα είχαν εξαφανιστεί μέχρι τώρα. Στις συναντήσεις μου με πολλούς Αμερικανούς σε όλο τον κόσμο, παρατηρώ συχνά ένα επίπεδο αλαζονείας και ρατσισμού που θυμίζει τη ναζιστική ιδεολογία. Δυστυχώς, με ελάχιστες εξαιρέσεις, πρόκειται για μερικούς από τους πιο αδαείς και προκατειλημμένους ανθρώπους που έχω συναντήσει ποτέ.

Η ιδέα ότι ανήκουμε σε μια φυλή, ένα έθνος ή έναν πολιτισμό είναι εντελώς παράλογη για όλους αυτούς τους λόγους. Μπορεί να χρειαστούν χιλιάδες χρόνια για να συνειδητοποιήσει η ανθρωπότητα αυτή την ανοησία, όπως ακριβώς σήμερα γελάμε με τις πεποιθήσεις του παρελθόντος, όπως η πίστη στις μάγισσες και τους δράκους. Για παράδειγμα, όταν αναφέρω ότι είμαι μισός Κινέζος, οι άνθρωποι συνήθως γελούν και δεν καταλαβαίνουν τι εννοώ. Τότε συνειδητοποιώ ότι επικοινωνώ με ανθρώπους που αναλύουν την πραγματικότητα μόνο από τη δική τους περιορισμένη οπτική γωνία. Ακόμη και όταν επιβεβαιώνω την ευρωπαϊκή μου ταυτότητα, συχνά δεν μπορώ να καταλάβω γιατί, κατά την άποψή τους, δεν είμαι αρκετά «λευκός» για να θεωρηθώ Ευρωπαίος. Η κατάσταση αυτή γίνεται ακόμη πιο ανησυχητική όταν συναντώ ανθρώπους που ανήκουν σε θρησκευτικές ομάδες. Είναι αποκαρδιωτικό να γίνεσαι μάρτυρας του ρατσισμού μεταξύ εκείνων που πιστεύουν ότι ο Ιησούς ήταν λευκός. Συχνά αναρωτιέμαι πόσοι χριστιανοί θα εξαφανίζονταν αν ο Ιησούς επέστρεφε ως μαύρος.

Τώρα, ας εξετάσουμε την έννοια της αλλαγής εθνικότητας. Ένα άτομο μπορεί να απαρνηθεί την εθνικότητα της γέννησής του για χάρη μιας άλλης, αποτελώντας ουσιαστικά κάτι άλλο από την αρχική του πολιτιστική ταυτότητα. Τι γίνεται με ένα παιδί που γεννήθηκε στην Κίνα από Γάλλους και Ρώσους γονείς; Ποια θα ήταν η εθνικότητά του;

Κινεζική; Όχι σύμφωνα με την κινεζική κυβέρνηση! Η εθνικότητα του παιδιού πρέπει να επιλεγεί από τους γονείς του, ακόμη και αν δεν γεννήθηκαν ποτέ στη Ρωσία ή τη Γαλλία. Αυτός ο καθορισμός γίνεται εντελώς αυθαίρετα.

Αυτή η ιστορία είναι σημαντική επειδή θα δούμε περισσότερες περιπτώσεις σαν κι αυτή καθώς τα παγκόσμια ταξίδια αυξάνονται και άτομα από διαφορετικά έθνη δημιουργούν οικογένειες. Θα ήταν συναρπαστικό να δούμε αυτό το παιδί να εξελίσσεται σε έναν άνθρωπο που αναγνωρίζει την ταυτότητά του ως Κινέζου αλλά έχει ένα μείγμα ρωσικών και γαλλικών χαρακτηριστικών. Στο μέλλον, θα δούμε πολλούς Πορτογάλους και Ισπανούς που μοιάζουν εντελώς Ασιάτες, καθώς και πολλούς Ασιάτες που μοιάζουν Αμερικανοί. Με σταματούν συχνά στα αεροδρόμια επειδή κανείς δεν πιστεύει ότι είμαι Ευρωπαίος. Αυτό αντικατοπτρίζει το επίπεδο του παραλογισμού που επικρατεί. Έχω αφομοιώσει αξίες από τόσες πολλές κουλτούρες που το να ισχυρίζεσαι ότι ανήκεις σε μία μόνο χώρα είναι σαν να προσπαθείς να βάλεις έναν ελέφαντα στην τσέπη σου. Δεν ταυτίζομαι καν ως Ευρωπαίος- όσο περισσότερο ταξιδεύω στην Ευρώπη, τόσο περισσότερο νιώθω την τάση να εγκαταλείψω την ήπειρο. Απλώς δεν ταυτίζομαι με την ήπειρο, τους ανθρώπους της ή τις αξίες της. Είναι εξευτελιστικό να θεωρώ τον εαυτό μου Ευρωπαίο μόνο και μόνο επειδή γεννήθηκα εδώ, σαν η εθνικότητά μου να είναι μια ανίατη ασθένεια.

Αν και πολλοί άνθρωποι εξακολουθούν να εμμένουν στην ιδέα ότι ανήκεις εκεί όπου η εμφάνισή σου ταιριάζει με τα στερεότυπα μιας συγκεκριμένης εθνικότητας, αυτή η άγνοια θα εξαφανιστεί τελικά καθώς θα εξελισσόμαστε. Παρόλο που θεωρώ πρόκληση να συμμετέχω σε συζητήσεις με όσους είναι τόσο τυφλοί στην πραγματικότητα, πολλοί άνθρωποι πιστεύουν ότι γνωρίζουν τα πάντα για μένα βασιζόμενοι αποκλειστικά στο χρώμα του δέρματός μου και στη χώρα γέννησής μου. Είναι εκπληκτικό! Το επίπεδο του παραλογισμού είναι πάντα εντυπωσιακό. Ίσως η πιο σουρεαλιστική εμπειρία της ζωής μου ήταν όταν Λιθουανοί μοιράστηκαν τις απόψεις τους για τους ανθρώπους στην Ινδία και σε άλλες χώρες, παρόλο που δεν είχαν επισκεφθεί ποτέ αυτά τα μέρη, ενώ εγώ είχα περάσει αρκετούς μήνες εκεί. Πώς μπορώ να διαφωνήσω με κάποιον που υποτιμά την εμπειρία μου από πρώτο χέρι, πιστεύοντας ότι η ανενημέρωτη γνώμη του έχει μεγαλύτερη βαρύτητα;

Γι' αυτό λέω ότι οι Λιθουανοί είναι από τους πιο αδαείς ανθρώπους που έχω συναντήσει ποτέ, αν και πολλοί Αμερικανοί συχνά τους συναγωνίζονται σε αυτό το θέμα. Ορισμένοι Αμερικανοί είναι τόσο αδαείς που με αφήνουν άφωνο.

Κεφάλαιο 24: Η ψευδαίσθηση της ελευθερίας

Θα μπορούσα να συγχωρήσω την άγνοια σε ορισμένες περιπτώσεις, αλλά πώς εξηγείται η απόλυτη βλακεία των ανθρώπων που έχουν όλο τον κόσμο στα χέρια τους, με φωτογραφίες και βίντεο, και εξακολουθούν να επιμένουν να κάνουν δηλώσεις που καταρρίπτονται εύκολα; Οι πληροφορίες είναι ακριβώς μπροστά τους, αλλά δεν μπορούν να τις δουν, πράγμα που τους οδηγεί στο να λένε ανόητα πράγματα. Είναι σουρεαλιστικό! Σε έναν κόσμο όπου όλοι οι παράλογοι άνθρωποι δεν συνειδητοποιούν την παραφροσύνη τους, είναι εύκολο να προσποιείσαι ότι είσαι φυσιολογικός. Όταν αφυπνίζεστε σε βαθύτερες αλήθειες, οι άνθρωποι συχνά αισθάνονται άβολα γύρω σας, επειδή μπορείτε να δείτε αυτό που δεν μπορούν να δουν, και αυτό μπορεί να είναι τρομακτικό.

Σε αυτό το στάδιο της ζωής μου, οι άνθρωποι όχι μόνο τείνουν να με αποφεύγουν εξαιτίας της γνώσης μου, αλλά αν μείνουν αρκετή ώρα μπροστά μου, συχνά καταλήγουν να κλαίνε. Κουβαλάνε τόσα πολλά τραύματα που ακόμα και ένα μικρό ερέθισμα μπορεί να τους κάνει να δακρύσουν. Οι άνθρωποι αναζητούν απεγνωσμένα την ευτυχία, αλλά ψάχνουν σε όλα τα λάθος μέρη, γεγονός που καθιστά δύσκολο να βρουν τη χαρά όταν δεν καταλαβαίνουν τι πραγματικά είναι. Αντ' αυτού, διαβάζουν βιβλία γραμμένα από παραληρηματικούς αλλά εγωιστές συγγραφείς, αναζητώντας επιβεβαίωση για τις δικές τους λανθασμένες πεποιθήσεις.

Δεδομένου ότι το μεγαλύτερο μέρος του πλανήτη φαίνεται να βρίσκεται σε κατάσταση τρέλας, όταν εξετάζουμε ό,τι καλύτερο έχει να μας προσφέρει η ψυχολογία, βρίσκουμε μελέτες που γενικά αντικατοπτρίζουν την κοινή λογική. Αυτός ο τομέας παραμένει απίστευτα πρωτόγονος σε σύγκριση με τις γνώσεις που μοιράζομαι, οπότε δεν περιμένω από εκείνους που είναι βαθιά ριζωμένοι στις αυταπάτες τους να κατανοήσουν τα γραπτά μου. Πρέπει πρώτα να μάθουν να σκέφτονται κριτικά, και οι άνθρωποι που δυσκολεύονται με τη βασική συλλογιστική δεν θα κατανοήσουν πολύπλοκα μοτίβα σκέψης. Κάποιοι αναγνώστες έχουν εκφράσει ότι έκλαψαν, θύμωσαν ή και εξοργίστηκαν πριν συνειδητοποιήσουν ότι είχα δίκιο και ότι έτρεφαν πολλές λανθασμένες πεποιθήσεις και καταπιεσμένα τραύματα.

Η αναγνώριση αυτών των αληθειών είναι δύσκολη επειδή οι άνθρωποι είναι κατά βάση συναισθηματικά όντα πριν γίνουν λογικά. Οι πεποιθήσεις τους διαμορφώνονται από εκείνους που αγαπούν και εμπιστεύονται, γεγονός που καθιστά δύσκολο να συνειδητοποιήσουμε ότι αυτά τα άτομα δεν έχουν πάντα το συμφέρον μας κατά νου και μπορεί να μην καταλαβαίνουν πραγματικά αυτά που λένε. Πολλά από τα πράγματα που γνωρίζω μπορεί να είναι πολύ μπερδεμένα στην αρχή, ειδικά για όσους γεννήθηκαν σε έναν κόσμο ψεύδους. Πολλά από τα πράγματα που πιστεύετε ότι είναι αληθινά απλώς δεν είναι, και μπορεί να είναι οδυνηρό να βλέπετε ολόκληρη την ταυτότητά σας να καταρρέει μπροστά στην πραγματικότητα.

Κάθε φορά που βρίσκομαι σε μια ομάδα, τα πιο προβληματικά άτομα συχνά αποκαλύπτονται πριν καν μιλήσω ή αντιδρούν αρνητικά στα φυσιολογικά σχόλιά μου, σαν να επιδιώκουν τη σύγκρουση επειδή η παρουσία μου τους ενοχλεί. Η θετική μου ενέργεια μπορεί να τους κάνει να αισθάνονται κατώτεροι, αντανακλώντας την πραγματική τους κατάσταση πίσω από τις κοινωνικές τους μάσκες. Αυτά τα άτομα έχουν επίγνωση του εγωισμού, της κακίας και των αυτοκτονικών τους σκέψεων, αλλά φοβούνται περισσότερο να τους ανακαλύψουν παρά να θέλουν βοήθεια. Ως αποτέλεσμα, προσπαθούν να απομακρυνθούν από τους άλλους προκειμένου να διατηρήσουν τις μάσκες τους.

Οι άνθρωποι είναι τόσο αφελείς που δεν κατανοούν αυτή τη δυναμική- πιστεύουν ότι όλοι είναι ίδιοι και ότι η αγάπη μπορεί να μας ενώσει κάτω από ένα ουράνιο τόξο. Ωστόσο, πολλοί άνθρωποι είναι ψυχικά αποδιοργανωμένοι, ανέντιμοι και έχουν διαστρεβλωμένη άποψη για τη ζωή. Αυτός είναι ο λόγος για τον οποίο δεν σκέφτομαι πολύ πριν πάρω μια απόφαση όταν μετακομίζω σε μια νέα πόλη ή χώρα. Απλώς ακολουθώ τη ροή, χωρίς να περιμένω κάτι εξαιρετικό.

Πολλοί άνθρωποι έχουν την απατηλή πεποίθηση ότι μπορούν να σχεδιάσουν τη ζωή τους, πράγμα που με εκπλήσσει, διότι αυτό είναι κυριολεκτικά αδύνατο, εκτός αν βρίσκεστε σε πολύ χαμηλό επίπεδο συνείδησης. Θα πρέπει να κοιμάστε εντελώς για να πιστεύετε ότι έχετε τον έλεγχο των πάντων γύρω σας και ότι οι επιλογές σας εκδηλώνονται πάντα ακριβώς όπως επιθυμείτε. Αντιλαμβάνομαι πλήρως ότι δεν ελέγχω τα πάντα, γι' αυτό και απλοποιώ τη ζωή μου όσο το δυνατόν περισσότερο. Αυτό δεν σημαίνει ότι ο καθένας μπορεί να μάθει να σκέφτεται όπως εγώ. Πολλοί άνθρωποι έχουν προσπαθήσει να διαβάσουν τα βιβλία μου και παραπονέθηκαν για τον τεράστιο όγκο πληροφοριών που παρουσιάζω, αναφέροντας ακόμη και εφιάλτες. Οι περισσότεροι άνθρωποι όχι μόνο παραμένουν κοιμισμένοι, αλλά και καταπιέζουν την πραγματικότητα προκειμένου να αντιμετωπίσουν το περιβάλλον τους.

Οι άνθρωποι συχνά εκφράζουν την επιθυμία τους για λύσεις, πληροφορίες και μεγαλύτερες αλήθειες, αλλά τι σημαίνει αυτό στην πραγματικότητα αν δεν μπορούν να απορροφήσουν τίποτα από αυτά; Εδώ είναι που ο διαλογισμός και οι θεωρίες περί μη σκέψης έρχονται σε εφαρμογή. Πολλοί έλκονται από απλοϊκές θεωρίες που τους ενθαρρύνουν να προσποιούνται ότι η πραγματικότητα δεν είναι πραγματική και ότι τίποτα δεν θα συμβεί αν απλά την αγνοήσουν. Ωστόσο, διαμορφώνεστε περισσότερο από αυτό που απορροφάτε και όσο περισσότερο κατανοείτε την αληθινή σας φύση, τόσο λιγότερο θα αισθάνεστε υποχρεωμένοι να επιστρέψετε σε αυτό που ήσασταν πριν. Δεν έχει νόημα να συνεχίσετε να εξελίσσεστε ως άνθρωπος αν δεν επιδιώκετε να περιβάλλεστε από ανθρώπους και να βυθίζεστε σε κουλτούρες που θα σας βοηθήσουν να αναπτυχθείτε προς τους στόχους της ζωής σας. Αντίθετα, είναι σημαντικό να απορροφάτε όσο το δυνατόν περισσότερα από αυτά τα εμπλουτιστικά περιβάλλοντα.

Κεφάλαιο 25: Η πολυπλοκότητα της ανθρώπινης φύσης

Καθώς μεγαλώνω, διαπιστώνω ότι το να ακούω τα πουλιά το πρωί, να κοιμάμαι καλά το βράδυ, να απολαμβάνω ένα ευρύχωρο μπαλκόνι με τον ήλιο στο πρόσωπό μου και να πίνω καθημερινά τον καφέ μου μπροστά στην παραλία είναι κοντά σε αυτό που θα όριζα ως απόλυτη ευτυχία. Δεν παραπονιέμαι πλέον για τη δουλειά, γιατί αγαπώ αυτό που κάνω. Δεν μπορώ να φανταστώ μια ζωή χωρίς να γράφω βιβλία, να συνθέτω μουσική και να μιλάω σε άλλους ανθρώπους για τις πολυπλοκότητες της ζωής.

Υπήρξε μια εποχή που πίστευα ότι θα μπορούσα να είμαι ευτυχισμένος ζώντας με μια όμορφη γυναίκα και κάνοντας οικογένεια, ακόμη και αν δεν ήταν πολύ έξυπνη. Ωστόσο, αφού έζησα με πολλές όμορφες γυναίκες, συνειδητοποίησα ότι ήμουν ανέντιμος με τον εαυτό μου. Αυτό που πραγματικά ήθελα ήταν κάποια που να με σέβεται. Η μοναξιά φαίνεται αφόρητη μόνο όταν συγκρίνεται με τη συντροφικότητα. Μπορεί να είναι συγκλονιστική όταν σκέφτομαι τους ανθρώπους που αγαπώ, όταν δεν έχω κίνητρο να δουλέψω ή όταν δεν είμαι καλά. Ωστόσο, όταν αφιερώνω τον εαυτό μου σε κάτι που με παθιάζει, η μοναξιά εξαφανίζεται. Σε αυτό το επίπεδο ευτυχίας, ο μόνος τρόπος για να αποφύγω τη μοναξιά είναι να δουλέψω με κάποιον που μοιράζεται τα πάθη μου, αλλά έχω διαπιστώσει ότι οι περισσότεροι άνθρωποι απλώς δεν ενδιαφέρονται να κάνουν παρόμοια δουλειά.

Πολλοί άνθρωποι είναι τόσο βαθιά ριζωμένοι στην ιδέα ότι ζουν μια ζωή που απεχθάνονται, ώστε η προοπτική να ζήσουν μια ζωή που αγαπούν τους μπερδεύει. Γίνονται τεμπέληδες, αρχίζουν να βλέπουν τηλεόραση και να ακούνε μουσική πιο συχνά και τελικά χάνουν το ενδιαφέρον τους για την ίδια τη ζωή. Η έννοια της αγάπης για τη ζωή είναι ξένη για τους περισσότερους ανθρώπους, οι οποίοι λανθασμένα την ταυτίζουν με την αδράνεια. Υπό αυτές τις συνθήκες, βρίσκομαι σε ένα δίλημμα. Αν και υποστηρίζω την αγάπη, δεν υποστηρίζω την τυφλή αγάπη. Αγάπη δεν είναι μόνο δύο άνθρωποι που ζουν μαζί και μοιράζονται γεύματα, αλλά για πολλούς σε αυτόν τον πλανήτη, ειδικά για εκείνους με χαμηλά επίπεδα συνείδησης, καταλήγει ακριβώς σε αυτό. Τι κρίμα! Περνούν ολόκληρη την ύπαρξή τους πιστεύοντας ότι χρειάζονται ένα ζεστό σώμα στο πλευρό τους για να νιώσουν ζωντανοί.

Αν και συχνά είναι προτιμότερο να έχεις παρέα, έχω μάθει ότι είναι καλύτερα να είσαι μόνος παρά με κάποιον που δεν μπορεί να είναι ευτυχισμένος. Στις μέρες μας, οι άνθρωποι μιλούν πολύ για τη θετικότητα, αλλά πολλοί τρέφουν ένα βαθύ μίσος. Ακόμα κι έτσι, θέλω να πιστεύω ότι υπάρχει ελπίδα, αλλιώς δεν θα είχα γράψει τόσα πολλά βιβλία.

Ίσως η πιο εκπληκτική πτυχή της ανθρώπινης φύσης είναι το γεγονός ότι οι άνθρωποι δεν θα σε σεβαστούν, ανεξάρτητα από το τι κάνεις γι' αυτούς ή πόσο καιρό το κάνεις. Δεν έχει σημασία αν βελτιώνεις τη θέση τους στην κοινότητα, αν σώζεις τη ζωή τους ή αν διορθώνεις λάθη που κάνουν εδώ και δεκαετίες: απλώς δεν τους ενδιαφέρει. Θα πάρουν ό,τι μπορούν από εσάς και στη συνέχεια θα σας αγνοήσουν σαν να μην υπήρξατε ποτέ. Στην αρχή, εξεπλάγην όταν παρατήρησα αυτή τη στάση σε όσους θεωρούσα φίλους, αλλά σύντομα την αναγνώρισα παντού, σε κάθε πολιτισμό, θρησκεία και χώρα. Είναι καταπληκτικό το γεγονός ότι ακόμη και αν κυριολεκτικά σώσετε τη ζωή κάποιου, αυτός μπορεί να μην ανταποδώσει τη χειρονομία. Αντίθετα, μπορεί να σας περιφρονήσει, ίσως επειδή νιώθει καλύτερα νεκρός.

Οι μαθητές μου έχουν κερδίσει κάθε διαγωνισμό στον οποίο έχουν συμμετάσχει, συμπεριλαμβανομένων των εθνικών διαγωνισμών, γεγονός που αποτελεί σημαντικό επίτευγμα στο κινεζικό πλαίσιο. Άλλοι έχουν ιδρύσει εταιρείες βασισμένες σε ιδέες που τους βοήθησα να αναπτύξουν. Κάποιοι έγιναν δεκτοί σε διάσημα αμερικανικά πανεπιστήμια χάρη στις συστατικές επιστολές που έγραψα, όχι λόγω των προσόντων τους, τα οποία συχνά δεν ήταν εντυπωσιακά, αλλά λόγω της υποστήριξής μου. Ωστόσο, με ξεχνούν τόσο εύκολα, σαν να μην είχα υπάρξει ποτέ μέρος της ζωής τους. Όταν διηγούμαι αυτές τις ιστορίες, οι άνθρωποι μου ζητούν να τους στείλω αυτές τις επιστολές, αλλά κανένας από αυτούς δεν εκφράζει ευγνωμοσύνη ή προσφέρεται να με φιλοξενήσει αν επισκεφθώ τη χώρα τους. Με εκπλήσσει το πόσο εγωκεντρικοί και εγωιστές μπορούν να είναι οι άνθρωποι, και συχνά αναρωτιέμαι πώς μπορεί να χωρέσει τόση άγνοια σε ένα μυαλό.

Οι ίδιοι αυτοί άνθρωποι εκπλήσσονται όταν δεν απαντώ στα μηνύματά τους. Δεν βλέπουν τίποτα κακό στη συμπεριφορά τους, πιστεύοντας ότι η ζωή είναι ένας ανταγωνισμός για το ποιος μπορεί να αποκτήσει περισσότερα και να είναι πιο σημαντικός.

Στη συνέχεια αναρωτιούνται γιατί νιώθω έλλειψη σεβασμού από αυτές τις συμπεριφορές. Αυτές δεν είναι φυσιολογικές ανθρώπινες συμπεριφορές- είναι αρρωστημένες συμπεριφορές, χειρότερες από μολυσματικές ασθένειες. Μπορείς να προστατευτείς από έναν ιό, αλλά όχι από ένα ζωντανό άτομο που προσπαθεί συνεχώς να σε εκμεταλλευτεί, κάνοντας ερωτήσεις για τη ζωή και τη δουλειά σου, ενώ προσπαθεί να πάρει κάτι σε αντάλλαγμα. Είναι σαν να ζεις με ένα τέρας.

Οι άνθρωποι μπορούν να προσποιούνται πολύ καλά τη φιλία και για μεγάλο χρονικό διάστημα, μέχρι να πάρουν αυτό που θέλουν, σαν να ήμουν απλώς ένα ακόμη κομμάτι κρέας για να το καταναλώσουν. Αυτό συνέβη με κάποιους μαθητές που, αφού αναθεώρησα πλήρως τα κείμενά τους, κέρδισαν την πρώτη θέση σε εθνικούς διαγωνισμούς δημόσιας ομιλίας. Μετά τις νίκες τους, δεν τους ξαναείδα ποτέ. Το ίδιο μοτίβο συνέβη και με εκείνους που απέκτησαν τη δουλειά των ονείρων τους - θέσεις που δεν πίστευαν ποτέ ότι θα μπορούσαν να επιτύχουν - ακολουθώντας απλώς τις στρατηγικές μου. Αναφέρομαι στους φοιτητές που βρήκαν δουλειά σε ποδοσφαιρικές ομάδες παρόλο που είχαν μόνο πανεπιστημιακό πτυχίο στις γλώσσες, ή σε εκείνους που έγιναν διευθυντές σε μερικές από τις μεγαλύτερες εταιρείες της Κίνας.

Για πολλούς από αυτούς τους μαθητές, ήμουν επίσης ο μοναδικός τους δάσκαλος κουνγκ φου και έμαθαν περισσότερα για τις πολεμικές τέχνες από εμένα παρά από οποιονδήποτε άλλον στην Κίνα. Απίστευτο, έτσι δεν είναι; Αλλά αυτό που είναι πραγματικά απίστευτο είναι ότι πολλοί από αυτούς τους ανθρώπους ασπάστηκαν την κομμουνιστική ιδεολογία και, σε ορισμένες περιπτώσεις, μου είπαν ότι δεν καταλαβαίνω τη χώρα ή τον πολιτισμό τους. Λοιπόν, ξέρω αρκετά για να τους βοηθήσω να κερδίσουν και να πραγματοποιήσουν τα όνειρά τους, αλλά δεν ξέρω αρκετά για να επικρίνω την κοινωνία, την πολιτική ή τον πολιτισμό τους; Αυτή η στάση είναι απίστευτα εγωιστική, αλλά τι άλλο μπορεί να περιμένει κανείς από εγωκεντρικούς ανθρώπους; Δεν μπορούν να δουν το προφανές: πόσο έχω συμβάλει στο μέλλον τους ως ανθρώπινα όντα, πολύ περισσότερο από ό,τι έχω λάβει ως αποζημίωση, διακινδυνεύοντας τη δική μου δουλειά, ακόμη και τη ζωή μου.

Κεφάλαιο 26: Η επιδίωξη της ευτυχίας

Δεν υποστηρίζω τον κομμουνισμό, τον αναγκαστικό εποικισμό εδαφών, την κυβερνητική λογοκρισία, τις πολιτικές διώξεις ή την καταπίεση των μειονοτήτων. Κατά τη διάρκεια της θητείας μου στην Κίνα, ανέχτηκα πολλά πράγματα, όπως το να κατασκοπεύουν οι κομμουνιστές τα μαθήματά μου και να τα καταγράφουν για χρόνια ή να στέλνουν μαθητές με μικρόφωνα για να κάνουν ενοχοποιητικές ερωτήσεις και να βρίσκουν λόγο να με συλλάβουν. Δεν βρήκαν τίποτα, και δεν θα έβρισκαν ποτέ, αλλά η υπομονή μου έχει τα όριά της, και τελικά έφυγα από τη χώρα. Ωστόσο, αυτό που βρήκα στην Ευρώπη δεν ήταν πολύ διαφορετικό, και συχνά ήταν χειρότερο.

Στην Κίνα, οι άνθρωποι φοβούνται την κυβέρνηση, αλλά όταν συγκεντρώνονται, συζητούν ανοιχτά τις σκέψεις τους και μοιράζονται τις απόψεις τους. Αντίθετα, στην Ευρώπη και στις Ηνωμένες Πολιτείες, οι άνθρωποι ασκούν ανοιχτή κριτική στην κυβέρνηση, αλλά λογοκρίνουν συνεχώς τον εαυτό τους και τους άλλους από φόβο μήπως σκεφτούν διαφορετικά ή δεχτούν αντίθετες απόψεις. Έτσι, υπάρχει μικρή διαφορά μεταξύ κάποιου που καταπιέζεται από τυραννία και κάποιου που καταπιέζει τον εαυτό του- ο ένας καταπιέζει την ψυχή του από μια εξωτερική δύναμη, ενώ ο άλλος καταπιέζει την ψυχή του οικειοθελώς.

Όταν ένα άτομο που καταπιέζεται από εξωτερικές δυνάμεις αλλάζει το περιβάλλον του, συνήθως αλλάζει και τον εαυτό του. Από την άλλη πλευρά, το άτομο που καταπιέζει τον εαυτό του μεταφέρει την πηγή της καταπίεσής του μαζί του όπου κι αν πηγαίνει. Όταν έρχονται αντιμέτωποι με την εξωτερική καταπίεση, μπορεί να αισθάνονται μια αίσθηση ανακούφισης, σαν να μην χρειάζεται πλέον να είναι τόσο προσεκτικοί με τις σκέψεις και τα συναισθήματά τους. Κατά συνέπεια, οι άνθρωποι που μαθαίνουν να καταπιέζουν τον εαυτό τους και τους άλλους μπορεί επίσης να αναπτύξουν μια συγγένεια με τυραννικά συστήματα. Δεν έχουν την ευφυΐα να δουν τη διαφορά και πιστεύουν λανθασμένα ότι είναι σοφοί συμμορφούμενοι με το πλήθος, ενώ στην πραγματικότητα δεν συμμορφώνονται με τη θέλησή τους, αλλά ενεργούν από το φόβο της απόρριψης και των διακρίσεων.

Στο τέλος, αυτό που θεωρείται «σωστό» συνήθως υπαγορεύεται από το πλήθος: αυτό που τα πρόβατα ακολουθούν, διαβάζουν και πιστεύουν. Αλλά αυτά τα πρόβατα είναι περήφανα. Δεν έχει σημασία ποιος λαός ή ποια χώρα κάνει αυτά τα πράγματα- δεν πιστεύω σε χώρες, σύνορα, φυλές ή σημαίες. Πιστεύω στο δικαίωμα να σκέφτεσαι και να εκφράζεσαι ελεύθερα, αλλά δεν έχω βρει ούτε ένα μέρος στον κόσμο όπου αυτό μπορεί να γίνει χωρίς την απειλή βίας ή εξοστρακισμού. Γι' αυτό η καταπίεση και η ελευθερία δεν μπορούν να συνυπάρξουν. Το ένα πρέπει να πάψει να υπάρχει για να ανθίσει το άλλο. Ο ρατσισμός πρέπει να εξαφανιστεί για να μπορέσει πραγματικά να θεωρηθεί η ελευθερία της έκφρασης. Τα σύνορα και οι σημαίες πρέπει να εξαφανιστούν για να μπορέσουμε να εκτιμήσουμε την έννοια του να μαθαίνουμε από τις διαφορές μας, είτε είναι πολιτισμικές είτε όχι.

Δεν υπάρχει ελευθερία αν φοβάσαι ότι θα γελοιοποιηθείς για τις απόψεις σου ή αν περιορίζεσαι στο να διαβάζεις μόνο βιβλία γραμμένα από ανθρώπους μιας συγκεκριμένης φυλής. Η ελευθερία χάνει το νόημά της όσο κρίνεσαι από τον τόπο γέννησής σου. Αυτά είναι χαρακτηριστικά της σύγχρονης δουλείας που οι μάζες δεν μπορούν να αναγνωρίσουν, επειδή έχουν εσωτερικεύσει αυτή τη μορφή δουλείας στην ταυτότητά τους. Δεν μπορούν να φανταστούν τη ζωή χωρίς αυτούς τους περιορισμούς και θεωρούν τρελούς όσους δεν ταιριάζουν σε αυτά τα πρότυπα. Η ίδια νοοτροπία θα επικρατούσε αν οι κυβερνήσεις αύξαναν αυτή την κατάσταση δουλείας, για παράδειγμα απαιτώντας την έγχυση νανοτεχνολογίας στο σώμα των ανθρώπων. Στην πραγματικότητα, αυτό έχει ήδη αρχίσει να συμβαίνει.

Κατά ειρωνικό τρόπο, παρά τις αμέτρητες καταχρήσεις που διαπράττουν οι κυβερνήσεις και η κοινωνία στο σύνολό της, οι άνθρωποι πληγώνονται εύκολα στην υπερηφάνειά τους και θυμώνουν όταν διορθώνονται. Συχνά αισθάνονται σαν να μην υπάρχουν χωρίς τα προγράμματα που τρέχουν στο κεφάλι τους. Θυμάμαι μια περίπτωση όπου ένας άνδρας από τις Ηνωμένες Πολιτείες καθόταν δίπλα μου και ξεστόμιζε παράλογες ιδέες για το χρήμα, την ελευθερία και την πολιτική. Όταν τον διόρθωσα, συμφώνησε με τα επιχειρήματά μου, τα οποία ήταν σαφώς πιο έγκυρα από τα δικά του. Μετά από εκείνη τη στιγμή, όμως, άρχισε να με αποφεύγει. Είναι ενδιαφέρον ότι αυτός ο άνθρωπος είναι εγωιστής και αναζητά κάθε μορφή προσοχής. Δεδομένου ότι το μεγαλύτερο μέρος της κοινωνίας στερείται κριτικής σκέψης, καλείται συχνά να δώσει δημόσιες ομιλίες και συνεντεύξεις. Συνειδητοποίησα ότι είναι πάντα στην επικαιρότητα, είτε πρόκειται για την τηλεόραση, είτε για το ραδιόφωνο, είτε για podcasts, είτε για συνέδρια.

Αυτή η κατάσταση είναι συναρπαστική, επειδή όλα όσα λέει είναι κατά βάση ηλίθια. Είναι ανίκανος να αμφισβητήσει τις απόψεις των άλλων ανθρώπων ή να προσθέσει αξία στη ζωή τους, γι' αυτό και τόσοι πολλοί άνθρωποι αισθάνονται άνετα με την παρουσία του και πιστεύουν ότι η μορφή της βοήθειάς του είναι πιο ουσιαστική από τη βοήθεια που θα μπορούσε να προσφέρει κάποιος σαν εμένα. Όταν παρατηρώ αυτό το φαινόμενο σε πολλούς ανθρώπους, αναρωτιέμαι τι κάνει εκατοντάδες ανθρώπους να συγκεντρώνονται στον ίδιο χώρο για να ακούνε ο ένας τον άλλον να συζητούν για ασήμαντα θέματα, ενώ προσποιούνται ότι ασχολούνται με κάτι σημαντικό. Μετά κοιτάζω τις φωτογραφίες που βγάζουν μαζί, φουσκώνοντας το στήθος τους σαν πουλιά σε περίοδο ζευγαρώματος, και συνειδητοποιώ ότι όλοι το κάνουν για τον εαυτό τους.

Κεφάλαιο 27: Η πειθαρχία ως μονοπάτι προς την ανάπτυξη

Οι άνθρωποι συγκεντρώνονται όχι για να ακούσουν ή να μάθουν από τους άλλους, αλλά για να νιώσουν σημαντικοί. Μπορούν να επιτύχουν αυτή την αίσθηση σπουδαιότητας μόνο προσποιούμενοι ότι είναι σημαντικοί, επειδή συνήθως δεν έχουν τίποτα ουσιαστικό να πουν. Με μια περιορισμένη άποψη για τον εαυτό τους και την ύπαρξή τους, υποθέτουν ότι προσποιούμενοι σε μια μεγαλύτερη ομάδα, θα γίνουν στην πραγματικότητα πιο σημαντικοί στα μάτια της κοινωνίας. Όλα είναι ένα παιχνίδι του φαίνεσθαι, μια κοινή αλλά ελαττωματική ψευδαίσθηση. Όταν άλλοι άνθρωποι συμμετέχουν στην ίδια φάρσα, ενισχύουν ο ένας την παραπλανητική αυτοεικόνα του άλλου, φουσκώνοντας το εγώ τους με τίποτα άλλο παρά με ζεστό αέρα.

Ποτέ δεν κατάλαβα γιατί τόσοι πολλοί άνθρωποι θέλουν να γράψουν βιβλία όταν δεν έχουν τίποτα ουσιαστικό να πουν και δεν ενδιαφέρονται να μοιραστούν σημαντικές πληροφορίες με τον κόσμο. Ωστόσο, όταν άρχισα να συνδέω τις τελείες και να παρατηρώ τη συμπεριφορά αυτών των ανθρώπων σε διάφορα περιβάλλοντα, έγινε σαφές: όλοι παίζουν ένα παιχνίδι με τον εγωισμό τους. Μπορούμε να τους συγκρίνουμε με μπαλόνια. Αν ένα μπαλόνι ήταν ζωντανό, μπορεί να πίστευε ότι το μέγεθός του το κάνει πιο σημαντικό από τους άλλους, παρόλο που το μέγεθός του είναι μόνο μια αντανάκλαση του αέρα που βρίσκεται μέσα του. Έτσι αντιλαμβάνονται οι άνθρωποι τον εαυτό τους και τους άλλους. Έχουν τέτοια εμμονή με το να αισθάνονται σημαντικοί που αντί να βελτιώνονται διαβάζοντας και συσσωρεύοντας γνώσεις, βρίσκουν τρόπους να φουσκώνουν το δικό τους κενό. Προσπαθούν να γνωρίσουν ανθρώπους με επιρροή, να παρευρεθούν σε συναντήσεις με πολιτικούς και να εμφανιστούν στις ειδήσεις για να δείξουν πόσο γεμάτοι από τον εαυτό τους είναι.

Μόνο κάποιος εξίσου άδειος δεν μπορεί να δει ότι αυτοί οι άνθρωποι είναι γεμάτοι ζεστό αέρα. Στην παρουσία μου, έρχονται αντιμέτωποι με τα κοφτερά μαχαίρια της αλήθειας, γεγονός που τους κάνει φυσικά να φοβούνται ότι ο εγωισμός τους θα συντριβεί. Έχω δει μερικούς από αυτούς τους ανθρώπους να θυμώνουν μαζί μου απλώς και μόνο επειδή τους ρώτησα αν είναι ευχαριστημένοι με τη ζωή τους. Στην αρχή, ξεκινούν έναν διάλογο για επιφανειακά πράγματα που τους κάνουν να νιώθουν σημαντικοί σε σχέση με τους άλλους. Καθώς η συζήτηση εξελίσσεται, ο τόνος τους γίνεται πιο επιθετικός και καταλήγουν να καταφεύγουν σε προσβολές. Το μόνο που έκανα ήταν να τους ρωτήσω αν είναι ευτυχισμένοι! Αυτό είναι σαν κοφτερό σπαθί γι' αυτούς! Αλλά ειλικρινά, δεν με νοιάζει. Αυτό που έχει σημασία για μένα είναι πώς νιώθουν για τον εαυτό τους, και με τον έναν ή τον άλλο τρόπο, μου δίνουν πάντα τις απαντήσεις που θέλω να ακούσω. Ωστόσο, όσοι έχουν εμμονή με τον εγωισμό τους δεν έχουν ιδέα ότι δεν με νοιάζει γι' αυτούς. Μπερδεύονται από τις ερωτήσεις μου, απλώς και μόνο επειδή δεν έχουν βρει ποτέ το χρόνο να σκεφτούν τις δικές τους σκέψεις.

Οι άνθρωποι είναι τόσο απορροφημένοι από την ανάγκη να αισθάνονται σημαντικοί που δεν εκλογικεύουν ποτέ τις δικές τους σκέψεις. Δεν έχουν καμία μορφή μεταγνώσης σχετικά με τις πράξεις τους και συχνά δεν γνωρίζουν καν τι σημαίνει αυτό. Για πολλούς, η ταυτότητά τους ορίζεται μόνο από την αντανάκλαση που έχουν στα μάτια των άλλων. Αν οι άλλοι τους θεωρούν σημαντικούς, τότε αυτό πιστεύουν ότι είναι, ανεξάρτητα από το αν αυτή η σημαντικότητα είναι μια ψευδαίσθηση. Η παρουσία κάποιου σαν κι εμένα σε τέτοια περιβάλλοντα προκαλεί δυσφορία, όσο απλές κι αν είναι οι ερωτήσεις μου. Ωστόσο, όλοι θέλουν να γίνουν φίλοι μου όταν μαθαίνουν ότι γράφω βιβλία, επειδή το βλέπουν ως μια ευκαιρία να διογκώσουν τον εγωισμό τους. Έχω παρατηρήσει παρόμοια συμπεριφορά σε πολλές άλλες περιπτώσεις φήμης, οπότε καταλαβαίνω τι σημαίνει αυτό.

Όταν ήμουν διάσημος DJ, πολλοί άνθρωποι ήθελαν να με γνωρίσουν από κοντά, παρόλο που δεν τους άρεσε το είδος της μουσικής που έπαιζα. Είναι συναρπαστικό να παρακολουθείς το πόσο μακριά φτάνουν οι άνθρωποι για να συνδεθούν με κάποιον που δεν σέβονται πραγματικά, και όλα αυτά σε μια προσπάθεια να διογκώσουν το δικό τους εγώ. Ακόμα και οι Χριστιανοί τείνουν να υιοθετούν αυτή τη συμπεριφορά, πράγμα που με προβλημάτισε για πολύ καιρό, επειδή ήθελα να πιστεύω ότι η ηθική τους ήταν ανώτερη και όχι απλώς μια πρόσοψη. Από τους πολλούς ανθρώπους που ισχυρίζονται ότι γνωρίζουν έναν διάσημο συγγραφέα και είναι περήφανοι για αυτή τη σύνδεση, περίπου το ένα τοις εκατό ή και λιγότερο θα διαβάσει πραγματικά τα βιβλία μου.

Η ψύχωση που παρατηρούμε στην κοινωνία εκδηλώνεται στις συναναστροφές που κάνουν οι άνθρωποι, στις δραστηριότητες που πραγματοποιούν για να επικυρώσουν την ύπαρξή τους και στις αντιλήψεις τους για την εθνικότητα. Αν δεν ήταν σαφές από τις συμπεριφορές που περιγράφονται, θα πρέπει να είναι κανείς βαθιά ψυχωτικός για να πιστεύει ότι μια σημαία καθορίζει τον χαρακτήρα κάποιου. Κανένας λογικός άνθρωπος δεν θα ήταν περήφανος για ένα κομμάτι γης ή μια σημαία, ανεξάρτητα από τον πλούτο ή τη φτώχεια του έθνους. Ωστόσο, ένα άτομο πρέπει να είναι διανοητικά άρρωστο ή εξαιρετικά αδαές για να υποστηρίζει καταπιεστικές κυβερνήσεις.

Κάποτε θεωρούσαμε τους Κινέζους παράλογους για την αγάπη τους στην κομμουνιστική διακυβέρνηση, μέχρι που είδαμε τους Ευρωπαίους να φωνάζουν για ολοκληρωτικούς νόμους κατά τη διάρκεια της πανδημίας του κοροναϊού, απαιτώντας κυριολεκτικά να εξοριστούν από την κοινωνία τα μη εμβολιασμένα άτομα. Δεν υπάρχει τίποτα πιο τρελό από αυτό, ειδικά αν αναλογιστεί κανείς τους κρυμμένους κινδύνους που σχετίζονται με αυτά τα εμβόλια. Τότε ήταν που συνειδητοποιήσαμε για τι είναι ικανά τα ανθρώπινα όντα και ότι ο ναζισμός δεν είναι απλώς ένα κατάλοιπο του παρελθόντος. Οι Ευρωπαίοι είναι εξίσου γρήγοροι να καταδικάσουν τους άλλους σήμερα, όπως ήταν αιώνες πριν.

Κεφάλαιο 28: Κατανόηση της πραγματικότητας

Αν κάποιος πιστεύει ότι είμαι πιο έξυπνος από οποιονδήποτε άλλον έχει συναντήσει ποτέ, δεν θα πρέπει να περιμένει από μένα να υποστηρίξω λανθασμένες ιδεολογίες όπως ο κομμουνισμός, ο σοσιαλισμός, ο εθνικισμός ή οποιαδήποτε άλλη μορφή «ισμού» που αρνείται την ατομική ελευθερία. Σε μεγάλο βαθμό, η δημοκρατία συχνά διαστρεβλώνει την ελευθερία επειδή, όπως είπε ο Όσο, οι άνθρωποι είναι «καθυστερημένοι». Για πολλούς, η ελευθερία είναι μια ξένη έννοια επειδή τους λείπει ο χαρακτήρας. Η ταυτότητά τους είναι μια απάτη, μια κοροϊδία, μια απατηλή πρόσοψη που παρουσιάζουν στους άλλους για να κρύψουν το κενό τους, την έλλειψη αξίας τους ως ανθρώπινα όντα και την έλλειψη ενσυναίσθησης για τους άλλους. Πρέπει να έχεις χαρακτήρα προτού μπορέσεις να συζητήσεις για την ελευθερία, και ο χαρακτήρας χτίζεται μέσα από αφομοιωμένες και κοινές αξίες. Χωρίς αφομοιωμένες αξίες, είσαι απλώς ένα μπαλόνι γεμάτο αέρα. Χωρίς κοινές αξίες, δεν υπάρχει εκμάθηση χαρακτήρα.

Πολλοί άνθρωποι δεν καταλαβαίνουν τη διαφορά μεταξύ ενός δημόσιου προσώπου και ενός δημόσιου περιουσιακού στοιχείου, ενός ταπεινού ατόμου και ενός αδύναμου ατόμου, κάποιου που βοηθάει τους άλλους και κάποιου με χαμηλή αυτοεκτίμηση, ενός πνευματικού ατόμου και κάποιου που ανέχεται τα πάντα. Επίσης, δεν μπορούν να διακρίνουν μεταξύ της δυστυχίας που βιώνουν και της δυστυχίας που δημιουργούν. Διαβάζουν για την αλήθεια αλλά δεν βλέπουν τίποτα-παραμελούν και αγνοούν τις ευκαιρίες που αναζητούν, συγχέοντας το τίποτα με την πραγματικότητα. Αυτά τα άτομα συγχέουν την ταυτότητά τους με τον υλικό κόσμο και δεν είναι σε θέση να είναι κάτι περισσότερο από απλά αντικείμενα, επειδή πιστεύουν ότι το να είσαι αντικείμενο σημαίνει να είσαι κάτι. Ως αποτέλεσμα, δεν είναι τίποτα. Το μεγαλύτερο μέρος αυτού που αποκαλούν «πραγματικό» είναι μια κοινή ανυπαρξία που γεμίζει το κενό που λατρεύουν.

Έχω μεγάλο σεβασμό για τον κινεζικό πολιτισμό και την ιστορία. Πολλοί από τους πιο εξαιρετικούς ανθρώπους που έχω γνωρίσει στη ζωή μου είναι Κινέζοι, και μερικοί από τους καλύτερους φίλους μου σήμερα είναι Κινέζοι. Έχω μάθει πολλά από την κινεζική κουλτούρα, έχω βοηθήσει Κινέζους επιχειρηματίες και γυναίκες και έχω αλλάξει ακόμη και πτυχές της προσωπικότητάς μου εξαιτίας των εκατοντάδων Κινέζων φίλων που είχα όταν ζούσα στην Κίνα. Πιθανότατα είχα περισσότερους Κινέζους φίλους από οποιονδήποτε άλλο ξένο που γνώρισα εκεί, και σκέφτηκα ακόμη και να παντρευτώ περισσότερες από μία Κινέζες. Ωστόσο, απεχθάνομαι εντελώς τους κομμουνιστές και δεν έχω συναντήσει ακόμα ούτε έναν κομμουνιστή στην Κίνα, η προσωπικότητα του οποίου να είναι άξια σεβασμού. Ο κομμουνισμός είναι μια τρομερή ασθένεια, που συνοδεύεται πάντα από ξενοφοβία, ρατσισμό, καταπίεση των τεχνών, της ελευθερίας της έκφρασης, της σκέψης, διακρίσεις, εισβολή στην ιδιωτική ζωή και μια σκληρή επίθεση στη θρησκευτική ελευθερία, την ηθική και την ηθική.

Στην ουσία, ο κομμουνισμός είναι ένας ιός που δημιουργήθηκε και προωθείται από πολύ άρρωστα άτομα.

Ο σοσιαλισμός δεν διαφέρει καθόλου, καθώς αποτελεί πρόδρομο του κομμουνισμού. Οι Ευρωπαίοι γενικά υιοθετούν τον σοσιαλισμό επειδή η Ευρώπη είναι βυθισμένη σε μια μεσαιωνική νοοτροπία, σύμφωνα με την οποία η ισότητα είναι ανώτερη από την ατομικότητα, ακόμη και αν αυτό σημαίνει ότι καίγονται στην πυρά ή αποκεφαλίζονται με ψευδείς κατηγορίες. Ιστορικά, οι Ευρωπαίοι έχουν μάθει να φοβούνται να σκέφτονται διαφορετικά ή να σκέφτονται υπερβολικά. Ωστόσο, όταν οχυρώνονται σε σοσιαλιστικές και κομμουνιστικές νοοτροπίες, οι άνθρωποι τείνουν να αγνοούν τα δικαιώματα των μικρότερων ή ασθενέστερων εθνών. Αυτός είναι ο λόγος για τον οποίο ο υπόλοιπος κόσμος δίνει ελάχιστη προσοχή σε περιοχές όπως η Ταϊβάν, η Σιντζιάνγκ και το Χονγκ Κονγκ, ανεξάρτητα από τον αριθμό των ανθρώπων που έχουν πεθάνει ή συνεχίζουν να πεθαίνουν διαμαρτυρόμενοι για την ανεξαρτησία τους σε αυτές τις περιοχές.

Είναι ενδιαφέρον να σημειωθεί ότι αυτή η ανάγκη για ανεξαρτησία οδηγεί επίσης πολλά άτομα με σαφέστερη κατανόηση των αξιών τους να μετακομίσουν σε άλλες χώρες, προωθώντας και διατηρώντας έτσι αυτό που καταπιέζεται. Σήμερα, υπάρχει περισσότερος κινεζικός πολιτισμός στην Ταϊβάν, τη Σιγκαπούρη και τη Μαλαισία από ό,τι στην ηπειρωτική Κίνα. Οι Κινέζοι που παρέμειναν στην ηπειρωτική Κίνα είναι γενικά οι φτωχότεροι, οι πιο αδύναμοι, οι λιγότερο μορφωμένοι και οι πιο διεφθαρμένοι - όχι οι πιο επιδέξιοι, οι σοφότεροι ή οι πλουσιότεροι. Το ίδιο ισχύει και στην ευρωπαϊκή ήπειρο. Στην πραγματικότητα, όσο πιο σημαντική είναι η ιστορία ενός έθνους, τόσο πιο πιθανό είναι να υπάρχει άγνοια σε αυτό το έδαφος. Αυτός είναι ο λόγος για τον οποίο οι σημερινοί Πορτογάλοι, Ιταλοί και Ισπανοί φαίνονται να είναι πολύ λιγότερο ικανοί από τους προγόνους τους, ενώ χώρες που ιστορικά θεωρούνταν ότι κατοικούνταν από λιγότερο ευφυείς ανθρώπους φαίνεται να αναπτύσσονται σήμερα ταχύτερα.

Αυτή η μετάβαση στη διανοητική ικανότητα υπήρχε πάντα και συνεχίζεται και σήμερα. Χωρίς τη διανοητική συμβολή των Ινδών, των Ιρανών και των Κινέζων που μετανάστευσαν στις Ηνωμένες Πολιτείες και τον Καναδά, τα έθνη αυτά δεν θα ήταν τόσο ισχυρά όσο είναι σήμερα. Οι καλύτεροι επαγγελματίες της παραδοσιακής κινεζικής ιατρικής ζουν τώρα στον Καναδά, και η ελίτ των μελετητών της αρχαίας Κίνας ζουν στην Ταϊβάν, όχι στην ηπειρωτική Κίνα, όπου επίσης διώκονται.

Κάθε επιφανής επιχειρηματίας ή πλούσια οικογένεια στην Κίνα γνωρίζει ότι η θέση τους απειλείται καθημερινά και ότι θα μπορούσαν να χάσουν τα πάντα με βάση τα ψέματα. Πολλοί έχουν αμερικανικές πράσινες κάρτες και ιδιωτικά τζετ έτοιμα να απογειωθούν σε περίπτωση έκτακτης ανάγκης, όπως η πτώση του κομμουνιστικού καθεστώτος. Όσοι είναι σοφοί αναγνωρίζουν αυτές τις παγκόσμιες και διαχρονικές αρχές και δεν προσκολλώνται σε κάποιο συγκεκριμένο έθνος. Αν μπορούσαν, θα αγόραζαν γη σε άλλους πλανήτες και θα έβρισκαν τρόπο να φτάσουν εκεί γρήγορα.

Κεφάλαιο 29: Η σημασία της αυτοκριτικής

Μπορούμε να πούμε ότι ο Elon Musk είναι μια ιδιοφυΐα στο να εντοπίζει τις πιο προσοδοφόρες επιχειρηματικές ευκαιρίες και να τις κάνει να ευημερούν. Ωστόσο, η ιδιοφυΐα του ισχύει μόνο όσο το ποσό των χρημάτων που οι πλουσιότερες οικογένειες του κόσμου είναι πρόθυμες να επενδύσουν στα σχέδιά του. Το κόστος τέτοιων εγχειρημάτων θα ευνοεί πάντα τους πλουσιότερους. Ιστορικά, οι φτωχότεροι ήταν πάντα οι τελευταίοι που κινήθηκαν.

Υπάρχουν, φυσικά, εξαιρέσεις σε αυτή την παρατήρηση. Η ατυχής ύπαρξη της δουλείας στις Ηνωμένες Πολιτείες έφερε πολλούς Αφρικανούς με τη βία στη βορειοαμερικανική ήπειρο, ενώ πολλοί άλλοι αγωνίζονται να φτάσουν εκεί σήμερα με την ελπίδα να εξασφαλίσουν ένα καλύτερο μέλλον για τις οικογένειές τους. Από την άλλη πλευρά, πολλοί αιχμάλωτοι από την Πορτογαλία, τη Γαλλία και την Ισπανία που εργάστηκαν σε πλοία με προορισμό μακρινές και άγνωστες χώρες έζησαν εμπειρίες που δεν θα μπορούσαν ποτέ να φανταστούν, παρά τους κινδύνους και τους φόβους που συνεπάγονταν. Ως αποτέλεσμα, πολλοί επέλεξαν να μην επιστρέψουν στη μίζερη ζωή που τους περίμενε στις πατρίδες τους. Οι απόγονοι των Πορτογάλων στη Μαλαισία είναι αναμφίβολα υπερήφανοι για τη ζωή τους εκεί, παρόλο που είναι απόγονοι φτωχών ψαράδων που γνωρίζουν ελάχιστα για την Πορτογαλία που άφησαν πίσω τους οι πρόγονοί τους πριν από σχεδόν πεντακόσια χρόνια.

Αυτό που θέλω να πω είναι ότι δεν μπορείς να αγαπάς την ελευθερία και το έθνος σου ταυτόχρονα. Αν πρέπει να διαλέξετε ανάμεσα στην προσωπική ανάπτυξη και την εξέλιξη ως άνθρωπος, θα διαπιστώσετε ότι ο μόνος τρόπος για να το πετύχετε είναι να αφήσετε εντελώς τα πράγματα που σας εμποδίζουν να αναπτυχθείτε, όπως δίδαξε ο Βούδας. Δεν είναι περίεργο που οι κομμουνιστές στην Κίνα έχουν προσπαθήσει να διαφθείρουν τον Βουδισμό και να τον χρησιμοποιήσουν ως πολιτικό όπλο εναντίον του λαού τους. Δεν μπορείς να είσαι κομμουνιστής και βουδιστής ταυτόχρονα, επειδή οι δύο νοοτροπίες είναι θεμελιωδώς ασύμβατες. Κατά συνέπεια, όταν αναγκάζονται να δεχτούν τις κινεζικές επιταγές, πολλοί μοναχοί εγκαταλείπουν τις πρακτικές τους, όχι μόνο στο Θιβέτ αλλά και στην ηπειρωτική Κίνα.

Οποιαδήποτε μορφή ταυτότητας διαμορφώνεται γύρω από μια ομάδα ανθρώπων και ένα κομμάτι γης είναι πιθανό να διαφθείρει την ελευθερία του ατόμου να επιδιώκει προσωπικούς στόχους και πνευματική ταυτότητα. Η πνευματικότητα είναι ασύμβατη με τα κοινωνικά συστήματα, αν και εξαρτάται από αυτά για να προοδεύσει, όπως ακριβώς κάποιος μπορεί να απολαμβάνει τους καρπούς ενός δέντρου χωρίς να γίνει αγρότης.

Όλοι οι Κινέζοι δάσκαλοι που γνώρισα μου ζήτησαν να τους καθοδηγήσω στη δημιουργία αποτελεσματικών μεθόδων διδασκαλίας στην τάξη και να τους βοηθήσω να ενσωματωθούν. Ωστόσο, αυτό είναι αδύνατο αν προσποιηθώ ότι δεν διδάσκω τους ανθρώπους να αφομοιώνουν καλύτερα τις υπάρχουσες προκαταλήψεις. Επομένως, κάθε μορφή παιδαγωγικής είναι διεστραμμένη και όσοι τη διδάσκουν είναι ηθικά διεφθαρμένοι και από τους χειρότερους ανθρώπους στον πλανήτη. Κάνουν τη βρώμικη δουλειά του να πείθουν τους ανθρώπους να αφομοιωθούν στους τρόπους του συστήματος, ενώ προσποιούνται ότι τους εκπολιτίζουν. Πρόκειται για μια μορφή σύγχρονης δουλείας μέσω νοητικού προγραμματισμού, στην οποία τα δεσμά των σκλάβων διαμορφώνονται και σφυρηλατούνται από ειδικούς της εκπαίδευσης, της ψυχιατρικής και της ψυχολογίας. Το επόμενο επίπεδο, βέβαια, επιτυγχάνεται μέσω της τεχνολογίας, αλλά αυτή δεν μπορεί να χρησιμοποιηθεί αποτελεσματικά χωρίς την κατανόηση των εκπαιδευτικών μοντέλων και των ψυχολογικών μηχανισμών του ανθρώπινου σώματος.

Η ελευθερία είναι κάτι τόσο ξένο για πολλούς ανθρώπους που συχνά με θεωρούν εγκληματία επειδή την απολαμβάνω. Αν κάτι δεν συμμορφώνεται με την αντίληψη των ανθρώπων για το σωστό και το λάθος - όπως εγώ που πληκτρολογώ σε ένα φορητό υπολογιστή σε ένα δημόσιο καφέ την Κυριακή - θεωρείται κάτι αρνητικό, σχεδόν παράνομο. Σε χώρες όπως η Κροατία, οι άνθρωποι συχνά με επικρίνουν επειδή εργάζομαι τα Σαββατοκύριακα. Φαίνεται ότι αυτοί οι άνθρωποι δεν νοιάζονται για τη ζωή ή γι' αυτό που κάνουν, ή τουλάχιστον δεν αναγνωρίζουν την υπερηφάνεια του να είσαι τεμπέλης. Αντιθέτως, επικρίνουν εκείνους που εργάζονται περισσότερο.

Όταν τους λέω ότι η χώρα τους δεν έχει μέλλον, συνήθως προσβάλλονται και σταματούν να μου μιλάνε, όπως συνέβη με κάποιους ανθρώπους που συνάντησα στην Κροατία. Με βάση πολλές εμπειρίες, πρέπει να καταλήξω στο συμπέρασμα ότι η τύχη μιας χώρας καθορίζεται από τους ανθρώπους της, όχι από τους πολιτικούς της. Η κουλτούρα επηρεάζει τους ανθρώπους όσο και οι άνθρωποι επηρεάζουν την κουλτούρα τους, διότι η κουλτούρα είναι η ενσάρκωση όσων οι άνθρωποι εκτιμούν, επικρίνουν και εστιάζουν. Μια κουλτούρα χωρίς τους ανθρώπους της απλώς δεν υπάρχει, διότι δεν έχει δική της ζωή. Όταν οι άνθρωποι μιας κουλτούρας επικεντρώνονται στο να μην κάνουν τίποτα, δεν συμβαίνει τίποτα. Αυτοί οι άνθρωποι στη συνέχεια ασκούν κριτική στην κυβέρνηση για λόγους που μου διαφεύγουν. Πρέπει οι πολιτικοί να στέλνουν την αστυνομία να διώχνει τους ανθρώπους από τις καφετέριες όταν περνούν μια ή δύο ώρες πίνοντας εσπρέσο, όπως κάνουν πολλοί Κροάτες;

Κεφάλαιο 30: Το ταξίδι της ψυχής

Κάθε ευρωπαϊκή χώρα έχει μια μοναδική μορφή βλακείας, κάτι που οι ντόπιοι αρνούνται να αναγνωρίσουν στον εαυτό τους και συχνά διαψεύδουν στις δηλώσεις τους. Στην Ισπανία, για παράδειγμα, οι άνθρωποι κατηγορούν τον ήλιο και όχι τη μοναρχία, καθώς φαίνεται πιο λογικό να αποδίδουν τα προβλήματά τους σε ένα κοσμικό σώμα στον ουρανό παρά να αναλαμβάνουν την ευθύνη για τη ζωή τους. Οι Ισπανοί λατρεύουν την παραλία και κάθε φορά που κάποιος αντιμετωπίζει ένα πρόβλημα, του προτείνουν να το ξεχάσει πηγαίνοντας στην παραλία, αποδίδοντας όλες τις λύσεις στον ήλιο παρά στη δική τους διάνοια. Κατά συνέπεια, κατηγορούν τον ήλιο για την τεμπελιά τους και την έλλειψη ενδιαφέροντος για διάβασμα, εργασία και μάθηση.

Τολμώντας να ξεπεράσετε τα όρια αυτού που οι άλλοι θεωρούν πραγματικό και φανταστικό, θα ζήσετε τις πιο παράλογες εμπειρίες. Για παράδειγμα, στη Λιθουανία με πλησίασαν φρουροί ασφαλείας που με υποπτεύθηκαν ότι είμαι Ρώσος κατάσκοπος μόνο και μόνο επειδή διάβαζα επί τρεις ώρες. Έπρεπε να πειστούν ότι αυτή η συμπεριφορά μπορούσε να εξηγηθεί μόνο έτσι- τίποτα άλλο δεν θα ταίριαζε στην περιορισμένη αντίληψή τους. Όταν δεν καταλαβαίνουν κάτι, η άγνοια οδηγεί τους ανθρώπους στην ευκολότερη εκλογίκευση που μπορεί να βρει το περιορισμένο μυαλό τους. Τότε πιστεύουν λανθασμένα ότι είναι έξυπνοι απλώς και μόνο επειδή μπορούν να καταλήξουν σε γρήγορα, αν και ανόητα, συμπεράσματα, συχνά εμπνευσμένα από τις ταινίες που παρακολουθούν.

Όσο πιο τρελός είναι ένας άνθρωπος, τόσο λιγότερο ικανός είναι να διακρίνει τη μυθοπλασία από την πραγματικότητα. Αυτός είναι ο λόγος για τον οποίο πολλοί άνθρωποι κατανοούν τον κόσμο μέσω των ταινιών και όχι μέσω της ανάγνωσης και της κριτικής σκέψης. Ισχυρίζονται ότι σκέφτονται βαθιά, αλλά αυτό είναι συνήθως μια πρόσοψη επειδή ντρέπονται να παραδεχτούν την άγνοιά τους. Όταν διαβάζουν, συνήθως επιλέγουν συγγραφείς που επιβεβαιώνουν τις απατηλές απόψεις τους για τη ζωή.

Για παράδειγμα, μια ψυχολόγος μου είπε κάποτε ότι ο λόγος που ήταν ακόμη ανύπαντρη στην ηλικία των τριάντα ετών ήταν ότι, σύμφωνα με το διάβασμά της, τα καλύτερα φρούτα είναι τα πιο δύσκολα, ενώ οι άνθρωποι τείνουν να επιλέγουν τα πιο εύκολα - συνήθως τα σάπια. Με άλλα λόγια, πίστευε ότι οι άνδρες επιλέγουν κατώτερες γυναίκες και ότι εκείνη ήταν πολύ ξεχωριστή και ελκυστική για να την επιλέξει κανείς. Υπέθεσε μάλιστα ότι είχα σταματήσει να της μιλάω επειδή έψαχνα για «σάπια φρούτα» και ότι ήταν πολύ γλυκιά για να την επιλέξουν.

Όταν οι άνθρωποι έχουν ψυχικά προβλήματα, διαστρεβλώνουν εντελώς την πραγματικότητα και βρίσκουν δικαιολογίες για την παραφροσύνη τους. Αυτό γίνεται ακόμη πιο προβληματικό όταν προσπαθείτε να τους δείξετε πόσο λάθος κάνουν, επειδή συχνά δεν το δέχονται. Όταν της εξήγησα ότι η χαμηλή αυτοεκτίμησή της την εμπόδιζε να δει την πραγματικότητα καθαρά, έκλαψε. Εβδομάδες αργότερα, έκλαψε ξανά όταν της είπα ότι τα καλύτερα πράγματα στη ζωή απαιτούν προσπάθεια και ότι οι άνθρωποι μπορούν να εκτιμηθούν γι' αυτό που είναι, όχι μόνο για το πώς φαίνονται. Νόμιζα ότι έφτανα στην ψυχή της, αλλά στο μυαλό της έκανα απλώς επίθεση στον εγωισμό της. Το μόνο που την ενδιέφερε ήταν το γεγονός ότι ταξίδευα σε άλλες πόλεις χωρίς να την προσκαλέσω.

Το εγώ συχνά οδηγεί πολλές συγκρούσεις, καθώς χρησιμεύει ως ο προσδιοριστής και κριτής του τι είναι πραγματικό ή όχι, του τι είναι σωστό ή λάθος. Έτσι, όταν είπα στους φρουρούς ασφαλείας -που με είχαν δει να διαβάζω επί τρεις ώρες- ότι δεν είχαν δικαίωμα να δουν την ταυτότητά μου, αυτό φυσικά αναστάτωσε ακόμη περισσότερο τον εύθραυστο εγωισμό τους. Όταν ο φόβος δεν κυριαρχεί στους πιο απολίτιστους ανάμεσά μας, η παρανοϊκή σχιζοφρένεια συχνά υπαγορεύει τις πράξεις και τις σκέψεις τους.

Η ιδέα ότι η διαφώτιση είναι η συνειδητοποίηση των ψευδαισθήσεων του κόσμου δεν είναι απλώς μια θεωρία που δημιουργήθηκε πριν από χιλιάδες χρόνια από έναν άνθρωπο που καθόταν κάτω από ένα δέντρο- είναι ένα μετρήσιμο και παρατηρήσιμο γεγονός που εξακολουθεί να μην μπορεί να αντιμετωπιστεί από ένα σημαντικό μέρος της κοινωνίας. Είναι η συνειδητοποίηση ότι οι μάζες δεν ξέρουν πώς να διακρίνουν το πραγματικό από το εξωπραγματικό. Επομένως, δεν μπορούμε να συζητήσουμε για τον διαφωτισμό μέχρι να ασχοληθούμε με την κοινή λογική και την ψυχική υγεία. Δεν μπορείτε να παραλείψετε αυτά τα δύο στάδια και να πάτε κατευθείαν στη διαφώτιση σαν να ήταν μια συντόμευση. Αυτοί που σκέφτονται με αυτόν τον τρόπο έχουν αυταπάτες, όπως ακριβώς εκείνοι που νομίζουν ότι καταλαβαίνουν την κοινή λογική χωρίς να διαβάζουν, να μαθαίνουν και να σκέφτονται. Στην πραγματικότητα, οι περισσότεροι άνθρωποι δυσκολεύονται να σκεφτούν κριτικά, και όταν φωτιστούν, συνειδητοποιούν ότι οι δάσκαλοι είναι εξίσου ηλίθιοι με τους μαθητές τους. Αυτή μπορεί να είναι μια τραυματική συνειδητοποίηση. Γίνεστε μάρτυρες ανόητων που καθοδηγούν ανόητους, αν και οι ανόητοι δεν μπορούν να το δουν, επειδή στερούνται δεξιοτήτων κριτικής σκέψης. Επικυρώνουν τις ενέργειές τους μέσω κοινωνικών δυναμικών που τους επιτρέπουν να παραμένουν σε μια κατάσταση απερισκεψίας - δυναμικά που έχουν σχεδιαστεί για να τους φυλακίζουν.

Συνήθιζα να πιστεύω ότι η βλακεία ήταν απλώς η αδυναμία κατανόησης ζητημάτων ζωτικής σημασίας για την αστική επιβίωση, μέχρι που έφτασα στη Λιθουανία και συνειδητοποίησα ότι η βλακεία είναι μια κατάσταση του μυαλού που οι άνθρωποι επιλέγουν να υιοθετήσουν. Στη χώρα αυτή γνώρισα επιστήμονες που διάβαζαν πνευματικά βιβλία αλλά επέλεγαν να παραμείνουν αλαζόνες- θρησκευόμενους ανθρώπους που είχαν διαβάσει μόνο ένα βιβλίο στη ζωή τους και εξακολουθούσαν να προσβάλλουν τους άλλους- δημόσιους ομιλητές που ήταν λιγότερο έξυπνοι από το ακροατήριό τους και δεν χρειάζονταν να τους υπενθυμίζουν πράγματα που ήδη γνώριζαν- ψυχοπαθείς ψυχολόγους, επιχειρηματίες που προτιμούσαν να κλέβουν πληροφορίες παρά να τις μαθαίνουν μέσω συζήτησης- φεμινίστριες που περιφρονούσαν τους άνδρες και παρόλα αυτά αναζητούσαν απεγνωσμένα το γάμο- γυναίκες που περνούσαν χρόνο με έναν διάσημο συγγραφέα και τον θεωρούσαν ηλίθιο- ακόμη και φύλακες εμπορικών κέντρων που θεωρούσαν απειλή έναν αναγνώστη σε μια χώρα που οι περισσότεροι άνθρωποι δεν μπορούν να εντοπίσουν στο χάρτη. Στην πραγματικότητα, το σκοτάδι είναι μια επιλογή όταν το φως είναι ακριβώς μπροστά σου.

Κεφάλαιο 31: Γνώση και άγνοια

Αν και είναι σημαντικό να μην γενικεύουμε για μια ολόκληρη χώρα, οι εξαιρέσεις από τα κοινά στερεότυπα είναι τόσο σπάνιες που πάντα εκπλήσσομαι ευχάριστα όταν τις βρίσκω. Αυτό δεν σημαίνει ότι δεν υπάρχουν περιοχές του κόσμου όπου η πνευματική κατάσταση των πολιτών είναι σημαντικά καλύτερη, αλλά παρατηρώ μεγαλύτερη προσπάθεια αυτοβελτίωσης σε ορισμένους τομείς. Έχω μεγάλο σεβασμό για όσους έχουν το θάρρος να αντιμετωπίσουν τα δόγματα και τους εγωισμούς τους. Σε έναν κόσμο που συχνά μοιάζει άβολος, η εξέλιξη και η αναζήτηση της προσωπικής ανάπτυξης είναι ένα δύσκολο εγχείρημα. Καθώς εξελίσσεστε, μπορεί να παρεξηγηθείτε από την κοινωνία και να εκτιμήσετε πράγματα που οι άλλοι δεν αρχίζουν καν να καταλαβαίνουν.

Οι περισσότεροι άνθρωποι τείνουν να μην σκέφτονται κριτικά, απορροφώντας τις πληροφορίες μέσω των συναισθημάτων τους. Αυτός είναι ο λόγος για τον οποίο συχνά αντιδρούν θυμωμένα όταν προκαλούνται. Είναι σαν να αμφισβητείτε τη λογική τους, πράγμα που, κατά κάποιον τρόπο, συμβαίνει. Αυτό που προσπαθώ να μεταφέρω είναι ότι όταν διευρύνετε τη συνείδησή σας, οι δυαδικότητες, οι αντιφάσεις και ο θυμός που υπάρχουν στην κοινωνία δεν εξαφανίζονται έτσι απλά. Στην πραγματικότητα, οι άνθρωποι μπορεί να θυμώσουν ακόμα περισσότερο μαζί σας. Θα καταλάβετε το γιατί και δεν θα είστε τόσο μπερδεμένοι.

Μπορώ να το καταδείξω αυτό με την τελευταία μου δουλειά που δίδασκα ακαδημαϊκή συγγραφή. Πολλοί άνθρωποι νομίζουν ότι είμαι τρελή που γράφω για πνευματικά θέματα και δεν βλέπουν τη σύνδεση με το παρελθόν μου. Δεν μπορούν να δουν τη σύνδεση μεταξύ ενός ατόμου που πέρασε χρόνια διδάσκοντας άλλους πώς να γράφουν ακαδημαϊκές εργασίες, εργάστηκε για πολλά χρόνια ως σύμβουλος διοίκησης και τώρα γράφει βιβλία αυτοβοήθειας. Οι φοιτητές μου με δυσκολία πίστευαν ότι έγραφα πνευματικά βιβλία, γιατί έλεγαν ότι ήμουν το πιο επιστημονικό άτομο που είχαν γνωρίσει ποτέ. Ήμουν και εξακολουθώ να είμαι- δεν υπάρχει καμία διαφορά. Ωστόσο, πρέπει να εξελιχθείς για να το δεις αυτό, και οι περισσότεροι άνθρωποι δεν είναι τόσο εξελιγμένοι όσο νομίζουν ότι είναι.

Μπορεί να ακούγεται αλαζονικό να το λέω αυτό, γι' αυτό και συχνά παρεξηγούμαι. Αλλά θα μοιραζόταν ένας αλαζόνας άνθρωπος όλα όσα ξέρει και σκέφτεται; Αυτό είναι το κομμάτι που δεν βλέπουν. Απλά δεν συμβαίνει! Οι ναρκισσιστές δεν μοιράζονται τίποτα. Η φύση τους είναι σαν μια μαύρη τρύπα: απορροφούν τα πάντα, ακόμα και τα συναισθήματα, και προσπαθούν πάντα να καταστρέψουν τον κόσμο. Αυτό που λένε οι άνθρωποι για μένα είναι σχεδόν πάντα το ακριβώς αντίθετο από αυτό που κάνω, οπότε οι κρίσεις των άλλων αποκαλύπτουν την ψυχική τους κατάσταση πιο ξεκάθαρα από τις πράξεις μου.

Όταν εκφράζετε θυμό σε αδαείς ανθρώπους, αυτοί δεν καταλαβαίνουν το νόημα του θυμού σας και αντ' αυτού αντανακλούν περισσότερο τον εσωτερικό τους κόσμο ως απάντηση. Όταν δεν καταλαβαίνουν, σας αποκαλούν τρελούς. Όταν αντιδράτε επιθετικά επειδή αισθάνεστε προσβεβλημένοι, σας αποκαλούν βίαιους και τρελούς. Αν τους αποδείξετε ότι έχουν άδικο, σας αποκαλούν αλαζόνες. Αν προσβληθείς από τα λόγια τους, θα σε πουν αλαζόνα και υπερβολικά συναισθηματικό. Όσο πιο έξυπνος, επιχειρηματολογικός, ενημερωμένος και ηθικός είσαι, τόσο περισσότερο οι αδαείς θα σε θεωρήσουν τρελό, επιθετικό, αλαζόνα και υπερβολικά συναισθηματικό. Όσο περισσότερο προσπαθείτε να τους βοηθήσετε να κατανοήσουν την άποψή σας και να κερδίσουν την ενσυναίσθησή τους, τόσο περισσότερο μπορεί να σας ευχηθούν να σας βλάψουν.

Αυτοί είναι οι κοινωνικοί μηχανισμοί του κόσμου και όλοι όσοι δεν είναι ξύπνιοι τους ακολουθούν. Όταν αυτοί οι μηχανισμοί χρησιμοποιούνται υπερβολικά, όπως σε έναν πλανήτη που είναι υπερπληθυσμένος από μη σκεπτόμενους, τα θέματα της βοήθειας, της αγάπης και της συμπόνιας κακοποιούνται και διαφθείρονται. Σε αυτό το πλαίσιο, ένα θετικό σχόλιο μπορεί να σεξουαλικοποιήσει ή να προσδώσει ηθική δύναμη σε κάποιον, οδηγώντας σε αρνητικές συνέπειες. Ένας ναρκισσιστής, για παράδειγμα, τρέφεται από συναισθήματα και κομπλιμέντα, ενώ υποτιμά όσους τα προσφέρουν.

Όσον αφορά την ηθική επικύρωση, μπορεί να τους δώσει δύναμη και την ψευδή εντύπωση ότι έχουν την ικανότητα και το δικαίωμα να κρίνουν τους άλλους. Το ίδιο ισχύει και για την άσκηση κριτικής σε κάποιον με χαμηλή αυτοεκτίμηση. Το να τους πείτε ότι πρέπει να διαβάσουν κάτι πιο πρακτικό μπορεί να αποτελέσει το σημείο ρήξης της συζήτησης, επειδή δεν έχουν την ικανότητα να διακρίνουν τη μυθοπλασία από την πραγματικότητα. Η ίδια φράση μπορεί να έχει το αντίθετο αποτέλεσμα σε ένα άτομο, ανάλογα με τη φύση του. Αν βοηθήσετε κάποιον με μια στρεβλή αντίληψη της έννοιας της βοήθειας, θα το εκλάβει ως επίθεση ή προσπάθεια χειραγώγησης, επειδή θα ενισχυθούν όλα όσα έχουν ήδη διαστρεβλώσει την αντίληψή του για αυτόν που προσφέρει βοήθεια.

Δυστυχώς, πολλοί άνθρωποι στον σημερινό κόσμο είναι ψυχικά άρρωστοι, αλλά αυτό δεν καθιστά τις πράξεις τους λανθασμένες. Κάθε πράξη πρέπει να αξιολογείται σε σχέση με τους ανθρώπους που εμπλέκονται. Εξάλλου, γνωρίζετε γιατί οι άνθρωποι αντιδρούν με τον τρόπο που αντιδρούν πριν καν ανοίξουν το στόμα τους για να μιλήσουν. Σε μεγαλύτερο ή μικρότερο βαθμό, όλοι αντιδρούν σύμφωνα με τους μηχανισμούς που έχουν εσωτερικεύσει, είτε μέσω της εκπαίδευσης ή της κατήχησης, είτε μέσω όσων διαβάζουν, είτε μέσω των αντιλήψεων που έχουν για τις εμπειρίες τους, είτε μέσω όσων παρατηρούν. Επομένως, για τη συντριπτική πλειοψηφία, δεν υπάρχει τίποτα πέρα από αυτό που οι πέντε αισθήσεις τους τους λένε ότι είναι πραγματικό. Δεν μπορούν να δουν πέρα από αυτό, παρόλο που νομίζουν ότι είναι έξυπνοι και ξεγελιούνται συνεχώς από τις ίδιες τους τις αντιλήψεις.

Με άλλα λόγια, μπορείτε ακούσια να κάνετε το λάθος άτομο να σας ερωτευτεί και, ταυτόχρονα, να αποξενώσετε κάποιον που πραγματικά σας αρέσει εξαιτίας της δικής σας αντίληψης της πραγματικότητας και του πώς την αντιλαμβάνονται οι άλλοι. Για παράδειγμα, αν πω σε κάποιον ότι πρέπει να ακολουθήσει καριέρα στη μουσική, αλλά δεν έχει ούτε τις γνώσεις ούτε την αυτοεκτίμηση, μπορεί να βρει έναν άντρα να τον βοηθήσει, να τον παντρευτεί και να εγκαταλείψει το όνειρό του. Αν βοηθήσω κάποιον να γράψει ένα βιβλίο, μπορεί να νομίζει ότι ερωτεύεται, ενώ στην πραγματικότητα απλώς μπερδεύει την αγάπη του για την τέχνη με τον άνθρωπο που συνδέει την καρδιά του με αυτήν.

Είναι πολύ σπάνιο να βρεις κάποιον που καταλαβαίνει και εκτιμά τις προθέσεις κάποιου άλλου. Οι μόνοι άνθρωποι που έχω γνωρίσει που είναι σε θέση να το κάνουν αυτό είναι είτε πολύ μεγάλοι για να νοιάζονται είτε έχουν πεθάνει. Για τους περισσότερους ανθρώπους, αυτή η συνειδητοποίηση έρχεται συνήθως αργά ή ποτέ. Αντιλαμβάνομαι ότι σε έναν κόσμο γεμάτο ψέματα και ψεύτες, η πρόκληση μπορεί να φαίνεται ως η καλύτερη μέθοδος για την ανακάλυψη της αλήθειας, αν και δεν ισχυρίζομαι ότι είναι η πιο αποτελεσματική.

Κεφάλαιο 32: Η φύση της πνευματικότητας

Μόνο κάποιος παθιασμένος με το εγώ του θα έβλεπε την επικοινωνία ή τη διαδικασία απόκτησης νέων πληροφοριών ως μια διαμάχη μεταξύ σωστού και λάθους, που οδηγεί σε διχοτομήσεις και διαφορετικές απόψεις. Αν βλέπουν την πραγματικότητα με αυτόν τον τρόπο, μπορεί να δουν τα λόγια μου ως αντιπαράθεση με τη δική τους φύση. Ωστόσο, σε αυτό το πλαίσιο, δεν υπάρχει «εγώ». Επιπλέον, όποιος διαβάζει αυτά που γνωρίζω, αφομοιώνει ήδη αυτές τις πληροφορίες, οπότε ό,τι είναι δικό μου γίνεται δικό τους. Αυτή η διαδικασία δεν βασίζεται σε απόψεις- έχω να κάνω με τη συνείδηση, όχι με εγωιστικές απόψεις. Επομένως, ένα άτομο όχι μόνο συμφωνεί μαζί μου όταν συνειδητοποιεί την αλήθεια, αλλά και τη βλέπει. Αυτός είναι ο λόγος για τον οποίο δεν μπορούμε να συζητήσουμε για τη συνείδηση όταν είμαστε επικεντρωμένοι στο εγώ. Οι δύο έννοιες δεν σχετίζονται μεταξύ τους, αν και χρειάζεστε τη μία για να γεφυρώσετε την άλλη. Μόλις περάσετε αυτή τη γέφυρα, όχι μόνο αποκτάτε την ικανότητα να παρατηρείτε με επίγνωση, αλλά αποκτάτε επίσης επίγνωση ενός τεράστιου κόσμου αντιλήψεων που δεν μπορεί εύκολα να συλληφθεί ή να μεταδοθεί. Μετά από αυτό, δεν χρειάζεται πλέον να συμπληρώνετε τα κενά με υποθέσεις.

Ωστόσο, αυτό απαιτεί να απελευθερωθείτε από τις εξαρτημένες μεθόδους ανάλυσης της πραγματικότητας που σας επιβάλλουν ο πολιτισμός και η εκπαίδευση. Η αποκατάσταση του εγκεφάλου και το να τον κάνεις να λειτουργεί όπως πρέπει συνήθως σημαίνει αποσυναρμολόγηση και ανοικοδόμηση πολλών τμημάτων. Αυτό συμβαίνει σε νευρολογικό επίπεδο, με τις συνήθειες και τις πεποιθήσεις μας να διαμορφώνουν την αίσθηση του εαυτού μας. Κατά τη διάρκεια αυτής της διαδικασίας, το άτομο μπορεί να αισθάνεται χαμένο, να υφίσταται πλύση εγκεφάλου, να χειραγωγείται και να ελέγχεται, καθώς οι συναισθηματικές του αντιδράσεις και αντιλήψεις συνδέονται σε μεγάλο βαθμό με τις εμπειρίες του παρελθόντος. Όταν ξυπνούν, δεν πιστεύουν ότι κοιμόντουσαν- αντιθέτως, αντιλαμβάνονται την προηγούμενη πραγματικότητά τους ως φανταστική. Χρειάζεται χρόνος για να συνειδητοποιήσει ένα άτομο ότι η πραγματικότητα που αντιλαμβανόταν ως πραγματική ήταν στην πραγματικότητα εξωπραγματική - ειδικά όταν συνειδητοποιεί ότι πολλοί άλλοι άνθρωποι εξακολουθούν να είναι παγιδευμένοι σε αυτόν τον πλασματικό κόσμο.

Η διαδικασία απελευθέρωσης από τις ψευδείς πεποιθήσεις μπορεί να είναι πολύ δύσκολη για τους περισσότερους ανθρώπους για όλους αυτούς τους λόγους, και λίγοι καταφέρνουν να το κάνουν μόνοι τους. Ένα μεγάλο μέρος του παγκόσμιου πληθυσμού δεν θα κάνει την προσπάθεια να αλλάξει, εκτός αν κάποιος κάνει ένα θαύμα, όπως το περπάτημα στο νερό ή τη μετατροπή του νερού σε κρασί. Δεδομένου ότι οι περισσότεροι άνθρωποι έχουν μια πολύ περιορισμένη άποψη για αυτά που νομίζουν ότι γνωρίζουν, το πρόβλημα δεν είναι συνήθως αυτά που πιστεύουν, αλλά η ανάγκη τους να προσκολλώνται σε αυτές τις πεποιθήσεις και να τις υπερασπίζονται.

Δεν είναι δυνατόν να είναι κανείς ειλικρινής, ενώ ταυτόχρονα τρέχει να ξεφύγει από την πραγματικότητα. Αν πιστεύετε το αντίθετο, είναι επειδή δεν έχετε συναντήσει πολλούς ειλικρινείς ανθρώπους. Ωστόσο, θα πρέπει να προσπαθήσετε να είστε ειλικρινείς για χάρη της δικής σας ψυχικής υγείας. Δεν μπορείτε να περιμένετε από τους ανέντιμους ανθρώπους να εκτιμήσουν την ειλικρίνεια. Μόνο αφού αποφασίσετε να είστε ειλικρινείς με τον εαυτό σας μπορούμε να εμβαθύνουμε στο θέμα της πνευματικής μεταστοιχείωσης, κοινώς γνωστής ως αλχημεία. Στην Κίνα και την Ινδία χρησιμοποιούνται διαφορετικοί όροι για να αποδώσουν παρόμοιες έννοιες, αν και οι αρχές αυτές εφαρμόζονται σήμερα κυρίως στις ιατρικές επιστήμες τους. Επομένως, η αλχημεία είναι μια παγκόσμια έννοια με πολλές εφαρμογές.

Η λέξη «αλχημεία» προέρχεται από τον αραβικό όρο «al-kimiya», που σημαίνει «τέχνη της μεταμόρφωσης». Οι Έλληνες τη μετέφρασαν ως «kimia», που σημαίνει «ελιξίριο της ζωής». Τελικά έφτασε στην Ευρώπη μέσω της Γαλλίας, της Γερμανίας και της Ιταλίας, μεταφερόμενη από τον αραβικό κόσμο από τους Ναΐτες Ιππότες και τους προσκυνητές, ως μια μυστική επιστήμη που μελετήθηκε από μυστικές ομάδες, τους πρώτους πραγματικούς Ιλλουμινάτι. Επεκτάθηκε ως ευρωπαϊκή επιστήμη κατά τη διάρκεια της Αναγέννησης, στην προσπάθεια κατανόησης της ψυχής, του νου και του σώματος.

Οι μελέτες αυτές έπρεπε να διεξάγονται μυστικά, καθώς η ποινή για τέτοιες πρακτικές ήταν ο θάνατος. Έτσι, δημιουργήθηκε ο θρύλος της ανακάλυψης του χρυσού, μια απάτη που συνεχίζεται μέχρι σήμερα. Ο πραγματικός χρυσός ήταν η καθαρότητα του πνεύματος, όπως τη δίδαξε ο Ιησούς στις γνωστικιστικές πρακτικές του, και όχι η παραποιημένη εκδοχή που παρουσιάζουν οι σύγχρονοι Χριστιανοί, οι οποίοι γενικά γνωρίζουν ελάχιστα για αυτές τις διδασκαλίες και τείνουν να τις περιφρονούν. Είναι πραγματικά παράλογο για όποιον αυτοπροσδιορίζεται ως χριστιανός να αρνείται τις ρίζες αυτής της θρησκείας και τις γραφές που γράφτηκαν πριν από αυτές τις παρερμηνείες.

Για παράδειγμα, το τελετουργικό της εμβάπτισης στο νερό που οι Χριστιανοί ονομάζουν βάπτισμα είναι στην πραγματικότητα μια γνωστική πρακτική που προϋπήρχε της βιβλικής αφήγησης. Ο Ιησούς εισήγαγε το βάπτισμα της φωτιάς, το οποίο περιλαμβάνει βάσανα, μετάνοια και θάνατο. Το νερό συνδέεται με την αγάπη και τη ζωή, καθιστώντας το την πρώτη αποδεκτή μορφή βάπτισης, αλλά όχι την τελευταία για όσους πραγματικά επιθυμούν να ακολουθήσουν τις διδασκαλίες του Χριστού. Στην πραγματικότητα, οι διδασκαλίες για τη φτώχεια αφορούν περισσότερο την ελάχιστη ζωή και την αποδοχή των πόνων του υλικού κόσμου παρά την πραγματική οικονομική φτώχεια.

Κεφάλαιο 33: Ο ρόλος της διαίσθησης

Πολλοί Χριστιανοί δεν συνειδητοποιούν ότι ο Χριστός προώθησε την αλχημική μεταστοιχείωση μέσω διαφόρων στοιχείων. Αυτό φαίνεται από το γεγονός ότι ένας πλούσιος που καταφέρνει να ζει μια απλή ζωή ενώ συσσωρεύει πλούτο είναι ουσιαστικά ένας αλχημιστής που έχει βαπτιστεί μέσω του στοιχείου της γης. Το άτομο αυτό έχει αποδεχτεί τις προκλήσεις της υλικότητας, απαρνούμενο τις απολαύσεις του σώματος προκειμένου να συσσωρεύσει περισσότερο πλούτο. Οι άνθρωποι που καταφέρνουν να ζουν ελάχιστα και να ελέγχουν τις επιθυμίες τους για σωματικές απολαύσεις - είτε μέσω του σεξ, του φαγητού ή του αλκοόλ - είναι πιο πιθανό να κατανοήσουν αυτό το είδος της μεταμόρφωσης ή του βαπτίσματος.

Οι μουσουλμάνοι έχουν πάει αυτή την κατανόηση ένα βήμα παραπέρα με το Ραμαζάνι, το οποίο περιλαμβάνει τον εξαγνισμό του σώματος με νηστεία, αποχή από το αλκοόλ και άρνηση κατανάλωσης χοιρινού κρέατος. Οι Καθαροί και ορισμένες άλλες γνωστικιστικές αιρέσεις, καθώς και οι Ροδόσταυροι, προχώρησαν ακόμη παραπέρα, απέχοντας από την κατανάλωση κρέατος ή ψαριού. Για να προχωρήσουν ακόμη περισσότερο αυτή την πρακτική, απέκλειαν το αλάτι, τα μπαχαρικά και τα έλαια από το φαγητό τους. Για να κατανοήσετε αυτές τις αρχές σε σχέση με την ενέργεια Κουνταλίνι, σκεφτείτε το εξής: ενώ το μεγαλύτερο μέρος της κοινωνίας παραμένει κολλημένο στα τρία πρώτα επίπεδα εκδήλωσης της Κουνταλίνι - τροφή, στέγη και υλικά αγαθά - ο αλτρουισμός, ο οποίος βλέπει τα χρήματα ως μέσο επέκτασης της αγάπης, αρχίζει μόνο στο τέταρτο τσάκρα.

Ωστόσο, δεν έχω συναντήσει ποτέ ένα θρησκευόμενο άτομο που να το καταλαβαίνει αυτό, επειδή συχνά εστιάζουν στα εγωιστικά επίπεδα - το εγώ ή το «εγώ». Επειδή θεωρούν τους εαυτούς τους πιο ενάρετους, τείνουν να επιβάλλουν τις εγωιστικές τους απόψεις στους άλλους, παρασύροντάς τους προς τα κάτω. Παρουσιάζουν τις σκέψεις και τις πράξεις τους σε αυτά τα χαμηλότερα επίπεδα ως ενάρετες, διδάσκοντας ότι πρέπει να είσαι φτωχός και δυστυχισμένος, ότι η θλίψη και το κακό είναι καλό και ότι η μοναξιά είναι αρετή. Όλα αυτά είναι ψευδή, μια παρερμηνεία των νοημάτων που κρύβονται πίσω από την αλχημική μεταστοιχείωση της ψυχής.

Όταν κατανοήσουμε πώς η πνευματική άνοδος συσχετίζεται με τη χρήση του πλούτου, καταλαβαίνουμε τα εξής:

- Στο τσάκρα του στέμματος, ο πλούτος χρησιμοποιείται ως προέκταση της πνευματικής υπηρεσίας.

- Στο τσάκρα του τρίτου ματιού, ο πλούτος είναι το αποτέλεσμα αυτής της υπηρεσίας.

- Στο τσάκρα του λαιμού, ο πλούτος θεωρείται ως μέσο επέκτασης της κοινωνικής επιρροής και βοήθειας των άλλων.

- Στο τσάκρα της καρδιάς, ο πλούτος συναντάται ως μέσο για να βοηθήσει κανείς τον πλησίον του και τον πλανήτη.

Κάτω από αυτά τα επίπεδα, βρίσκουμε αυτό που οι μάζες μπορούν να καταλάβουν και συχνά προπαγανδίζουν σχετικά με τον πλούτο:

- Στο τσάκρα του ηλιακού πλέγματος, ο πλούτος θεωρείται ως μια αναγκαιότητα για τη στήριξη της οικογένειας ή της φυλής κάποιου, τίποτα περισσότερο. Ο εγωισμός εκδηλώνεται εδώ σε μια μικρή ομάδα.

- Στο ιερό τσάκρα, ο πλούτος γίνεται αντιληπτός μόνο ως χρήμα και συνδέεται με την προσωπική επιβίωση. Αυτό είναι το άπληστο άτομο που βλέπει την οικογένεια και τους φίλους ως αντικείμενα που πρέπει να ελέγχονται από τα υπάρχοντά τους.

- Στο τσάκρα της ρίζας, τα χρήματα συνδέονται με τη συσσώρευση υλικών αγαθών ή την επίδειξη της κοινωνικής θέσης. Αυτοί οι άνθρωποι έχουν συνήθως εμμονή με τις μάρκες και τις τάσεις. Οι φτωχοί άνθρωποι ή εκείνοι που έχουν βιώσει τη φτώχεια για πολλά χρόνια μπορεί να αναπτύξουν τόσο χαμηλή αυτοεκτίμηση και αδύναμη αίσθηση ταυτότητας, ώστε να παραμείνουν κολλημένοι στο τσάκρα της ρίζας για το υπόλοιπο της ζωής τους, μεταδίδοντας αυτές τις αξίες στις μελλοντικές γενιές.

Υπάρχουν επίσης άνθρωποι που βρίσκονται κάτω από το τσάκρα της βάσης, αν και φαίνεται απίστευτο. Πρόκειται για ανθρώπους που πιστεύουν ότι δεν αξίζουν φαγητό, ρούχα, στέγη ή δουλειά. Το δέντρο Yggdrasil, με τις ρίζες του που εκτείνονται στον κάτω κόσμο, συμβολίζει αυτή την εκδήλωση του θανάτου μέσα σε ένα ζωντανό πτώμα και ερμηνεύτηκε από τους Γνωστικούς ως μια κοιμισμένη ψυχή παγιδευμένη στον τάφο ενός κινούμενου σώματος.

Ακριβώς όπως η αγάπη, η ζωή και η κοινωνική επιρροή συνδέονται μεταξύ τους ως σύστημα, και όταν κάποιος μιλάει για επαναπροσδιορισμό της κοινωνίας, ουσιαστικά μιλάει για την εξάλειψη του παλιού συστήματος και των ανθρώπων που συνδέονται με αυτό, και την αντικατάστασή του με ένα νέο σύστημα που βασίζεται σε αυτό που εκτιμούν περισσότερο. Ο γρηγορότερος τρόπος για να γίνει αυτό είναι μέσω ενός νέου συστήματος που βασίζεται σε αξίες, δηλαδή ενός νέου νομίσματος. Για το λόγο αυτό, οι μεγαλύτερες κοινωνικές μεταρρυθμίσεις περιελάμβαναν την εισαγωγή νέων νομισμάτων. Ωστόσο, επειδή το σύστημα και οι αξίες που το στηρίζουν είναι αλληλένδετες, το ένα σπάνια αλλάζει χωρίς το άλλο, πράγμα που σημαίνει ότι πρέπει να θυσιαστούν ζωές για να αντικατασταθεί το προηγούμενο σύστημα αξιών. Αυτή είναι η βασική αιτία των ηθικών, θρησκευτικών και πολιτικών διώξεων.

Το τι θεωρείται ενάρετο ή όχι σε αυτές τις τυραννίες είναι εντελώς αυθαίρετο. Στη ναζιστική Γερμανία, για παράδειγμα, το να είσαι Εβραίος, τσιγγάνος ή διανοητικά ανάπηρος ήταν απαράδεκτο· στον σημερινό κόσμο, το να μην υποβάλλεσαι σε υποχρεωτικές ιατρικές θεραπείες, όπως εμβόλια ή χάπια, δεν είναι επίσης. Οι αφελείς και ανενημέρωτοι μπορεί να πιστεύουν ότι οι δύο αυτές καταστάσεις δεν είναι συγκρίσιμες. Όπως οι Γερμανοί δεν μπορούσαν να φανταστούν ότι η ίδια τους η κυβέρνηση θα έβαζε στο στόχαστρο τον ίδιο της το λαό, έτσι και ο παγκόσμιος πληθυσμός δυσκολεύεται να πιστέψει ότι οι κυβερνήσεις του είναι ικανές για παρόμοιες ενέργειες μέσω βιολογικών όπλων που έχουν σχεδιαστεί για να στοχεύουν συγκεκριμένα τμήματα του πληθυσμού.

Κεφάλαιο 34: Το μονοπάτι προς τη διαφώτιση

Φ ανταστείτε έναν ιό που σκοτώνει μόνο τους ηλικιωμένους και τους αρρώστους και ένα εμβόλιο που σκοτώνει μόνο ανθρώπους με συγκεκριμένες γενετικές αλληλουχίες, όπως εκείνους με σκούρο δέρμα ή από συγκεκριμένες περιοχές του κόσμου. Αυτό το σενάριο μοιάζει τρομακτικά με αυτό που συνέβη στη ναζιστική Γερμανία, αλλά σε πολύ μεγαλύτερη κλίμακα, γεγονός που καθιστά δύσκολο για τον πληθυσμό να πιστέψει ότι είναι αλήθεια. Αυτός είναι ο λόγος για τον οποίο τόσοι πολλοί άνθρωποι χειροκρότησαν το 2022, όταν ο διευθύνων σύμβουλος της Pfizer Albert Bourla δήλωσε στον Klaus Schwab στο Παγκόσμιο Οικονομικό Φόρουμ: «Μέχρι το 2023, θα μειώσουμε τον παγκόσμιο πληθυσμό κατά 50%, και σήμερα αυτό το όνειρο γίνεται πραγματικότητα».

Όπως είπε ο ίδιος ο Χίτλερ στο Mein Kampf: «Ένα ψέμα γίνεται αποδεκτό από τον λαό όταν είναι τόσο κολοσσιαίο που κανείς δεν μπορεί να πιστέψει ότι κάποιος θα μπορούσε να έχει το θράσος να διαστρεβλώσει την αλήθεια με έναν τόσο επαίσχυντο τρόπο». Μια παρόμοια κατάσταση συνέβη όταν το ακροατήριο χειροκρότησε τον

Bill Gates επειδή είπε, σε μια ομιλία του TED, ότι «αν κάνουμε πραγματικά καλή δουλειά με νέα εμβόλια, υπηρεσίες υγείας και αναπαραγωγική υγεία, θα μπορούσαμε να μειώσουμε [τον παγκόσμιο πληθυσμό] ίσως κατά 10 ή 15 τοις εκατό».

Είναι άλλο πράγμα να μην προσέχεις τέτοιες δηλώσεις όταν γίνονται, αλλά είναι εξαιρετικό να βλέπεις ανθρώπους να χειροκροτούν ομιλίες για γενοκτονία. Αν αυτοί οι άνθρωποι δεν είναι απίστευτα ηλίθιοι, πρέπει να είναι απίστευτα κακοί ή να έχουν πλήρη άγνοια. Δεν είναι λιγότερο ηλίθιοι, ωστόσο, οι πολλοί άνθρωποι που έκαναν ουρά στους δρόμους του Λονδίνου στις 5 Ιουνίου 2022 για να δουν ένα ολόγραμμα της βασίλισσας Ελισάβετ Β΄ μέσα στο 260 ετών χρυσό κρατικό αυτοκίνητό της, καθώς περνούσε από μπροστά της με τελετουργική φρουρά, στο πλαίσιο των εορτασμών για το πλατινένιο Ιωβηλαίο της βασίλισσας. Τους είδαν να χειροκροτούν και να χαιρετούν το ολόγραμμα καθώς περνούσε. Αν οι άνθρωποι μπορούν να χαιρετήσουν ένα ολόγραμμα, τι άλλο μπορούν να κάνουν με τη φαντασία τους; Και τι μπορούμε να περιμένουμε από την ικανότητά τους να εκλογικεύουν ή να διακρίνουν το πραγματικό από το εξωπραγματικό; Μπορεί να μεταρρυθμιστεί η κοινωνία;

Ο λόγος για τον οποίο οι μάζες είναι πάντα στο στόχαστρο σχετίζεται με την αδυναμία τους να προσαρμοστούν. Αυτό εκλογικεύεται με βάση τη δαρβινική παραδοχή της επιβίωσης του ισχυρότερου. Οι μάζες είναι τόσο διασυνδεδεμένες και εξαρτημένες από τα παλιά συστήματα που δεν θα επέτρεπαν την ανάδυση μιας νέας παγκόσμιας τάξης πραγμάτων χωρίς πολλά εγκλήματα και βίαιες διαμαρτυρίες. Φανταστείτε πώς αντιδρούν οι άνθρωποι όταν τους λέμε ότι πρέπει να αλλάξουν τον τρόπο σκέψης τους, τη διατροφή τους και τις συνήθειές τους, και στη συνέχεια φανταστείτε αυτές τις αντιδράσεις σε πλανητική κλίμακα. Αυτός είναι ο λόγος για τον οποίο οι μάζες θεωρούνται απειλή για όποιον θέλει να μεταρρυθμίσει το κοινωνικό σύστημα.

Γενικά, οι μάζες κυριαρχούνται από μια υλιστική και ανταγωνιστική αντίληψη της ζωής, η οποία τις καθιστά όχι μόνο εγωιστικές, αλλά και πολύ ζηλότυπες. Όχι μόνο θα είναι ζηλόφθονοι, αλλά θα συκοφαντήσουν τη φήμη σας με ψέματα και θα αποκτήσουν εμμονή με την εξεύρεση συμμάχων. Οι μεγαλύτερες επαναστάσεις της εποχής μας, η μπολσεβίκικη και η γαλλική, εκμεταλλεύτηκαν αυτή τη ζωώδη διάθεση πολλών και τη χρησιμοποίησαν για να ανατρέψουν μοναρχίες και να τις αντικαταστήσουν με τυραννίες.

Αυτές οι επαναστάσεις δεν ενδιαφέρθηκαν ποτέ για τους ανθρώπους, επειδή οι υποστηρικτές τους δεν ενδιαφέρονται γι' αυτούς. Για παράδειγμα, την κινεζική επανάσταση με επικεφαλής τον Μάο ακολούθησε η μεγαλύτερη σφαγή του κινεζικού λαού, αλλά οι Κινέζοι εξακολουθούν να λατρεύουν αυτό το τέρας, επειδή δεν συνειδητοποιούν ότι η επανάσταση δεν αφορούσε ποτέ αυτούς. Η δικαιολογία που δίνουν οι Κινέζοι, οι Γάλλοι και οι Ρώσοι για τις επαναστάσεις τους είναι ότι κάποτε λιμοκτονούσαν και τώρα έχουν φαγητό - ένας λόγος που μπορεί εύκολα να ξεγελάσει τους ηλίθιους.

Ένας αναγνώστης με ρώτησε κάποτε ποιος θα ήταν ο καλύτερος τρόπος για να βελτιώσει τη φήμη του στη δουλειά, και του είπα να πάει κέικ στους συναδέλφους του. Είπε ότι αυτή ήταν μια ανόητη ιδέα, καθώς όλοι τους ήταν μηχανικοί και διανοούμενοι. Του είπα όμως ότι, αν και αυτό ήταν αλήθεια, συμπεριφέρονταν σαν ηλίθιοι, επειδή ο λόγος που ένιωθε την ανάγκη να βελτιώσει την εικόνα του στη δουλειά του ήταν ακριβώς επειδή δεν μπορούσε να τους λογικέψει. Έκανε ό,τι του είπα και αμέσως παρατήρησε βελτίωση στον τρόπο με τον οποίο τον αντιμετώπιζαν. Δεν μπορούσε να πιστέψει ότι ήταν τόσο εύκολο και ότι οι άνθρωποι μπορούσαν να είναι τόσο ηλίθιοι.

Αν διαφωνήσετε με τους ανθρώπους και τους νικήσετε με τη λογική, τα επιχειρήματα ή την αλήθεια, δεν θα αλλάξουν- αντίθετα, θα θυμώσουν και θα σχεδιάσουν εκδίκηση εναντίον σας. Η ανθρώπινη ιστορία αποτελείται από τις ίδιες ιστορίες και ακολουθεί ακριβώς τα ίδια δράματα σε διαφορετικά σενάρια. Αναλύουμε την ιστορία επιφανειακά επειδή δεν γνωρίζουμε καλά την ανθρώπινη φύση και τείνουμε να την ερμηνεύουμε όπως μας την δείχνουν, προφανώς αυτοί που επέζησαν.

Κεφάλαιο 35: Η φύση της αλήθειας

Αν οι Ρωμαιοκαθολικοί καταδίωξαν άλλες χριστιανικές ομάδες και έκαψαν τα βιβλία τους, ποια εκδοχή του χριστιανισμού πιστεύετε ότι θα επιβιώσει για χιλιάδες χρόνια; Επιπλέον, αν οι πιο πρόσφατες παραφυάδες βασίζονται στα ίδια καθολικά κείμενα, πόσο έγκυρες πιστεύετε ότι μπορεί να είναι οι προοπτικές τους; Είναι προφανές ότι κάθε χριστιανική ομάδα έχει τα ελαττώματά της, αλλά οι άνθρωποι παραμένουν βαθιά προσκολλημένοι σε αυτές. Οι απόψεις αυτές προσφέρονται για κυβερνητικό έλεγχο, γεγονός που υποδηλώνει ότι μπορεί να περάσει αρκετός καιρός μέχρι να γίνουν απλοί μύθοι του παρελθόντος, μαζί με άλλες μυθολογικές πεποιθήσεις, που θα υποβιβαστούν στις σελίδες των βιβλίων ιστορίας και στα τμήματα των μουσείων μας.

Ο πολιτισμός ουσιαστικά αντανακλά τη φύση μιας μεγάλης ομάδας ανθρώπων. Επομένως, για να αλλάξετε τις μάζες, πρέπει να αλλάξετε την κουλτούρα τους, και αυτές θα αντισταθούν σε αυτή την αλλαγή. Η επιθυμία ταύτισης με μια σημαία που προβάλλεται περήφανα σε ποδοσφαιρικούς αγώνες σε όλο τον κόσμο είναι ένα παράδειγμα αυτού του φαινομένου. Αν και μπορεί να φαίνεται άδικο να εγκαταλείψετε ή να καταδικάσετε αυτά τα άτομα στο σκοτάδι μέσα στο οποίο ζουν, με την πάροδο του χρόνου μπορείτε να δείτε ότι η συμπεριφορά και οι σκέψεις τους γίνονται προβλέψιμες. Τα πάντα γι' αυτούς είναι τόσο σταθερά που εκπλήσσεσαι μόνο όταν πραγματικά καταλαβαίνουν κάτι. Οι μάζες τείνουν να σκέφτονται εντός των ορίων των πολιτισμικών τους προοπτικών, και το να τολμήσουν να προχωρήσουν πέρα από αυτό τους φοβίζει, οδηγώντας τους σε αντίσταση.

Αυτός είναι ο λόγος για τον οποίο όροι όπως «θεωρητικός συνωμοσίας» και «τρελός» λειτουργούν ως ισχυρές προσβολές που αποθαρρύνουν τους ανθρώπους από το να σκέφτονται πέρα από αυτό που είναι κοινωνικά αποδεκτό. Παρόλο που ορισμένοι άνθρωποι προσπαθούν να απελευθερωθούν από αυτούς τους περιορισμούς, η φύση τους, η παρέα που διατηρούν και οι συνήθειές τους συχνά εμποδίζουν τη δυνατότητα αλλαγής. Στο τέλος, επιστρέφουν στην προηγούμενη κατάστασή τους, ανεξάρτητα από το τι λένε, τι τεκμηριώνετε ή ακόμη και από το πόση συμπόνια τους δείχνετε.

Έχω συνηθίσει να αποστασιοποιούμαι συναισθηματικά από τους ανθρώπους. Δεν πρόκειται για ψυχρότητα, αλλά για αποδοχή της πραγματικότητας όπως είναι. Η εναλλακτική λύση είναι να αντιμετωπίσω την προδοσία ή τη συστηματική προσβολή. Σε ορισμένες περιπτώσεις, όπως σε μακροχρόνιες σχέσεις ή με μέλη της οικογένειας, είναι δυνατόν να προσπαθήσετε να εμπλακείτε. Ωστόσο, η απάντηση μπορεί να είναι παράλογη, με δηλώσεις όπως «Είσαι νεκρός για μένα!» ή «Είσαι τρελός!».

Αυτό συμβαίνει ακόμη και όταν το άτομο παρουσιάζει τα γεγονότα και επιδιώκει μόνο μια συγγνώμη ή την αναγνώριση των λαθών του παρελθόντος, κάτι που είναι συνήθως αδύνατο χωρίς να πληγεί ο εγωισμός. Σε άλλες περιπτώσεις, οι άνθρωποι μπορεί να επιδιώκουν την οικειότητα με ένα άλλο άτομο, σαν να ανταγωνίζονται για το ποιος θα ξεπεράσει πρώτος τη μοναξιά. Γιατί οι άνθρωποι συμπεριφέρονται έτσι; Επειδή η αντικατάσταση θεωρείται ως μια μάχη των εγωισμών, στην οποία ο ένας επιδιώκει να βγει καλύτερος μετά τον πόνο που προκλήθηκε.

Η ανθρώπινη φύση πάντα με ενδιέφερε. Ποτέ δεν μπόρεσα να καταλάβω γιατί οι άνθρωποι σε αυτόν τον πλανήτη είναι τόσο εγωιστές και χειριστικοί μέχρι που συνειδητοποίησα πόσο πολύ εκτιμούν το εγώ τους. Έχω γίνει μάρτυρας τόσο μεγάλης υποκρισίας σε αυτόν τον κόσμο που πλέον χρειάζομαι σημαντική ενέργεια για να λογοκρίνω τον εαυτό μου όταν επιμελούμαι τα δικά μου βιβλία. Κατά συνέπεια, αισθάνομαι υποχρεωμένη να εντοπίσω τις ομάδες στις οποίες επικρατεί αυτή η υποκρισία, ιδίως μεταξύ εκείνων που, για κάποιον ανεξήγητο λόγο, αυτοαποκαλούνται χριστιανοί. Πιστεύω ότι ο Ιησούς προειδοποίησε γι' αυτά τα άτομα όταν είπε ότι πολλοί θα έρθουν στο όνομά του, σαν «λύκοι με ενδύματα προβάτων». Δεν αναφερόταν σαφώς στις γνωστικιστικές αιρέσεις που κάηκαν στο Κολοσσαίο.

Η ανθρώπινη υποκρισία εκδηλώνεται συχνά με παρόμοιο τρόπο. Για παράδειγμα, ένας άνθρωπος που ισχυρίζεται ότι είναι φίλος μου με κάλεσε για καφέ και με ρώτησε τη γνώμη μου για την κατάσταση του κόσμου. Εξήγησα τις απόψεις μου και παρέθεσα στοιχεία ως απάντηση στις ερωτήσεις του. Εβδομάδες αργότερα, με προσκάλεσε να τον ακούσω να μιλάει δημόσια σε μια χριστιανική σύναξη στην πόλη μου. Αυτό που παρακολούθησα ήταν η παρουσίαση των ιδεών μου, αλλά δεν ανέφερε το όνομά μου, παρόλο που καθόμουν στην πρώτη σειρά. Τέλος, είχε το θράσος να ζητήσει τη γνώμη μου για την παρουσίασή του. Όταν συνειδητοποίησα ότι φαινόταν εντελώς μεθυσμένος από το αίσθημα της αυτοπεποίθησής του, τον επαίνεσα που μοιράστηκε τις πληροφορίες που είχα παράσχει.

Εβδομάδες αργότερα, με κάλεσε ξανά για άλλη μια κουβέντα. Αυτή τη φορά, μου έκανε ερωτήσεις σχετικά με τη ζωή μετά το θάνατο. Και πάλι, απάντησα στις ερωτήσεις του και χρησιμοποίησα τη δική του Βίβλο για να υποστηρίξω τα επιχειρήματά μου. Ωστόσο, έγινε έξαλλος όταν εξήγησα τη μετενσάρκωση με βάση το δικό του κείμενο. Ο εγωισμός του πληγώθηκε επειδή δεν μπορούσε να ενσωματώσει τις γνώσεις μου στις διδασκαλίες της εκκλησίας του. Για τον λόγο αυτό, σταμάτησε να επικοινωνεί μαζί μου. Στην ουσία, ήμουν πολύτιμος γι' αυτόν μόνο για τις πληροφορίες που υποστήριζαν τις απόψεις του για τη θρησκεία.

Τι νομίζετε ότι βλέπει ο Θεός σε αυτούς τους ανθρώπους που ισχυρίζονται ότι Τον εκπροσωπούν; Πιθανώς το ίδιο πράγμα που βλέπω κι εγώ: ένα τσίρκο.

Κεφάλαιο 36: Η συμπόνια στην κοινωνία

Υπάρχει αφθονία κακού, διακρίσεων, χειραγώγησης και άγνοιας σε αυτόν τον κόσμο. Αλλά χωρίς να κατανοήσετε το σκοτάδι, δεν μπορείτε να βρείτε το φως. Η διάκριση πρέπει να έρθει πριν από τη γνώση, και η γνώση πριν από την επίγνωση.

Πολλοί άνθρωποι μισούν την αλήθεια ή δεν μπορούν να την αποδεχτούν επειδή τους φοβίζει. Άλλοι τυφλώνονται από δόγματα που εμποδίζουν την ικανότητά τους να σκέφτονται κριτικά. Τα βιβλία που περιέχουν την αλήθεια δεν προορίζονταν ποτέ γι' αυτούς- θα συνέχιζαν να γράφονται ακόμη κι αν κανείς στον πλανήτη δεν τα διάβαζε. Οι κανόνες όλων των θρησκευτικών ομάδων είναι ξεκάθαροι στα χαρτιά, αλλά στην πράξη γενικά τους αγνοούν, θεωρώντας τους εαυτούς τους απρόσβλητους από κάθε ηθική κρίση.

Αναρωτιέμαι εδώ και πολλά χρόνια: Γιατί οι άνθρωποι είναι τόσο διεστραμμένοι και κακοί; Γιατί τρέφουν τόσο μίσος για μένα, ενώ δεν έχω κάνει τίποτα για να το αξίζω και συχνά τους έχω βοηθήσει κιόλας; Γιατί παίρνουν τόσα πολλά και δεν δίνουν τίποτα σε αντάλλαγμα;

Γιατί είναι τόσο σκληροί ώστε να προτιμούν να δουν έναν φίλο εξαθλιωμένο ή νεκρό για να νιώσουν ανώτεροι; Γιατί συσσωρεύουν πληροφορίες και δεν απαντούν σε ερωτήσεις; Πώς μπορούν να προδίδουν και να ξεχνούν κάποιον τόσο εύκολα, ακόμη και αν το άτομο αυτό ήταν ο μόνος που τον επισκεπτόταν καθημερινά στο νοσοκομείο μέχρι να αναρρώσει; Πώς μπορούν να ξεχνούν κάποιον που τους έσωσε τη ζωή; Γιατί οι άνθρωποι παθιάζονται με το να καταστρέφουν τη ζωή κάποιου και να φροντίζουν να χάσει τη δουλειά του; Γιατί κάποιος που βοήθησα να ξεκινήσει μια εταιρεία και να γίνει πλούσιος να καταστρέψει τη φήμη μου; Αυτά είναι μερικά από τα ερωτήματα με τα οποία πάλευα για πολλά χρόνια, ιδίως καθώς πολλοί από αυτούς τους ανθρώπους ήταν μέλη της οικογένειας ή φίλοι με τους οποίους ζούσα για δεκαετίες. Ωστόσο, δεν υπάρχει απάντηση στο κακό- απλώς υπάρχει.

Με τον αριθμό των αρνητικών εμπειριών να ξεπερνά κατά πολύ τις θετικές, συχνά αναρωτιόμουν αν σπαταλούσα το χρόνο μου για να μοιραστώ την αλήθεια με τον κόσμο. Ακόμα κάνω στον εαυτό μου αυτή την ερώτηση, αλλά ο κόσμος συνεχίζει να με οδηγεί πίσω στον σκοπό μου. Εξάλλου, όλα τα άλλα μου φαίνονται σαν ψέματα και αμφιβάλλω αν θα μπορέσω να ακολουθήσω άλλη καριέρα. Είναι ωραίο να φοράω κοστούμι και να είμαι μέλος μιας ομάδας που εργάζεται για έναν κοινό στόχο, να έχω το δικό μου γραφείο και να αισθάνομαι σημαντικός και σεβαστός, γιατί όλοι φοβούνται μήπως χάσουν τη δουλειά τους. Είναι ωραίο συναίσθημα να βρίσκομαι μπροστά σε μια τάξη με εκατοντάδες μαθητές που με κοιτάζουν σαν να είμαι θεός και πιστεύουν ό,τι λέω. Ωστόσο, όλα αυτά είναι μια ψευδαίσθηση. Οι άνθρωποι αποζητούν την επιφανειακή προσοχή, αλλά ακόμη και ένας

DJ είναι πιο αυθεντικός: αν η μουσική είναι κακή, κανείς δεν χορεύει, και τα αποτελέσματα δεν μπορούν να πλαστογραφηθούν.

Πριν από αρκετά χρόνια, ρώτησα έναν φίλο μου μασόνο γιατί οι μασόνοι δεν με συμπαθούσαν τόσο πολύ. Μου απάντησε: «Σε ζηλεύουν επειδή ξέρεις ήδη πάρα πολλά, συχνά περισσότερα από αυτούς».

Του απάντησα: «Μα είμαι μέλος της ομάδας- δεν τους επιτίθεμαι ούτε αμφισβητώ τίποτα».

Μου απάντησε: «Όταν οι άνθρωποι ζηλεύουν, μισούν μόνο επειδή φοβούνται. Δεν έχουν κανέναν άλλο λόγο.

Έκτοτε απεβίωσε, σε ηλικία 83 ετών. Ένας άλλος φίλος, τώρα 84 ετών, με ενθαρρύνει να συνεχίσω να γράφω και να αγνοώ το χάος γύρω μου. Αυτοί οι δύο ήταν από τους σημαντικότερους μασόνους στην Ισπανία, γεγονός που υποδηλώνει ότι έχουν γνώσεις που ακόμη προσπαθώ να κατανοήσω. Όταν λέω στους ανθρώπους ότι είμαι συγγραφέας, οι περισσότεροι δεν με πιστεύουν ή νομίζουν ότι επινοώ ιστορίες. Ωστόσο, αισθάνομαι τόσο γνήσια και ειλικρινής με τον εαυτό μου που δεν με νοιάζει πια. Η ζωή είναι σύντομη και περνάει πολύ γρήγορα. Φανταστείτε ένα άτομο που έχει ήδη πεθάνει να βλέπει την ταινία της ζωής του και να σκέφτεται: «Έχω σπαταλήσει τόσο πολύ χρόνο σε ασήμαντα πράγματα- μακάρι να μπορούσα να γυρίσω πίσω και να ξεκινήσω από την αρχή».

Δεν υπάρχει τίποτα πιο ισχυρό για τη συνείδησή μας από το να αναλογιζόμαστε το ίδιο μας το τέλος. Όπως είπε ο Μπλερ Γουόρεν: «Δεν θα φωτιστείτε αν εγκαταλείψετε τα εγκόσμια υπάρχοντά σας και μετακομίσετε στο Θιβέτ. Δεν θα φωτιστείς αν γίνεις πιο στοργικός και ειρηνικός απέναντι στους άλλους. Θα φωτιστείτε όταν δείτε πέρα από τις ψευδαισθήσεις της ζωής. Όταν φτάσετε σε αυτή την κατάσταση, μπορείτε να επιλέξετε να ασχοληθείτε με αυτά τα καθήκοντα ή με αμέτρητα άλλα ευγενή καθήκοντα. Αλλά αυτό δεν είναι υποχρεωτικό. Στην πραγματικότητα, τίποτα δεν είναι απαραίτητο. Για πρώτη φορά στη ζωή σας, ο τρόπος που ενεργείτε στον κόσμο γίνεται μια πραγματική επιλογή. Το πώς θα ενεργήσετε εξαρτάται αποκλειστικά από εσάς».

Κεφάλαιο 37: Η σημασία της συντροφικότητας

Δεν είναι εύκολο να κάνετε διάκριση μεταξύ ψυχής, πνεύματος και νου, επειδή είναι αλληλένδετα. Αν λάβουμε επίσης υπόψη το φυσικό σώμα και το συναισθηματικό σώμα ή την αύρα, έχουμε πέντε διαφορετικά πεδία αντίληψης που επηρεάζουν και διαμορφώνουν τις αναμνήσεις μας. Τα κύτταρα του σώματός μας έχουν τις δικές τους αναμνήσεις και πολλές από τις αντιδράσεις μας συνδέονται με εμπειρίες σωματικού πόνου, αν και η επιστήμη δεν έχει ακόμη κατανοήσει πλήρως αυτή τη σύνδεση. Τα συναισθήματα που βιώνουμε κατά τη διάρκεια της ζωής μας και οι αντιδράσεις μας σε αυτά αποτελούν αυτό που ονομάζω καρμική μνήμη, καθώς επηρεάζουν σημαντικά τις αποφάσεις μας. Το πνεύμα αντιπροσωπεύει τον αιώνιο εαυτό που δεν πεθαίνει ποτέ, ενώ η ψυχή χρησιμεύει ως η συνείδηση που συνδέει την πνευματική πραγματικότητα με τον φυσικό κόσμο. Επομένως, η συνείδηση και η αντίληψη κατοικούν στην ψυχή.

Ο νους, το κύριο επίκεντρο των ψυχιάτρων, είναι απλώς η περιοχή που παράγει τη σκέψη- είναι ο εαυτός που λειτουργεί τον εγκέφαλο.

Ωστόσο, η σκέψη δεν προέρχεται από τον νου, αλλά από την ψυχή. Ο λεγόμενος ανώτερος εαυτός είναι το πνεύμα. Αντιλαμβανόμαστε τον κόσμο μέσω των νοητικών μας αλληλεπιδράσεων, αλλά η ψυχή είναι αυτή που δημιουργεί και ερμηνεύει τις εμπειρίες μας. Η σκέψη συμβαίνει στο μυαλό, αλλά οι ιδέες και τα συμπεράσματα προέρχονται από την ψυχή.

Μεταξύ των πτυχών που παρεμβαίνουν σε αυτές τις λειτουργίες είναι οι προηγούμενες μετενσαρκώσεις (πνεύμα), τα συναισθήματα (ιδίως αυτά του πόνου) και το φυσικό μας σώμα (που επηρεάζεται σε μεγάλο βαθμό από τη γενετική και τη διατροφή). Όταν πεθαίνουμε, τα πάντα αποσυντίθενται εκτός από το πνεύμα, το οποίο κρατάει αρχείο όλων όσων συνέβησαν. Η πιο συναρπαστική πτυχή του πνεύματος είναι η ικανότητά του να αναδημιουργεί εμπειρίες, επιτρέποντάς μας να τις ξαναζήσουμε. Αυτό το φαινόμενο είναι αυτό που ονομάζουμε κάρμα, αλλά συμβαίνει μέσω της ψυχής, πράγμα που σημαίνει ότι η συνείδηση μειώνει το κάρμα και αυξάνει τη νοημοσύνη.

Το κύριο ελάττωμα των σύγχρονων ψυχοθεραπευτικών μεθόδων είναι η έλλειψη κατανόησης αυτών των εννοιών, καθώς εστιάζουν μόνο στο μυαλό του ατόμου. Αν και η προσωπικότητα μπορεί να γίνει κατανοητή μέσω του νου, το άτομο δεν ορίζεται από αυτόν, καθώς παύει να υπάρχει με το σώμα. Αυτή η γνώση καθιστά δυνατή την ανάλυση των προσωπικών κινήτρων, των ενδιαφερόντων και των τραυμάτων σε μεγαλύτερο βάθος. Η πραγματική ταυτότητα είναι το πνεύμα, γεγονός που καθιστά την προσωπικότητα ασήμαντη σε σύγκριση με την ψυχή. Η ψυχή έχει τη δυνατότητα να δημιουργεί μια νέα προσωπικότητα ανά πάσα στιγμή, ενώ το πνεύμα παρακολουθεί όλες τις προσωπικότητες που έχετε ποτέ ενσαρκωθεί. Επομένως, όταν ένα άτομο διευρύνει τη συνείδησή του, αφυπνίζει επίσης όλες αυτές τις λανθάνουσες δυνατότητες.

Στον έξω κόσμο, το άτομο αυτό μπορεί να θεωρηθεί εκκεντρικό, επειδή η κοινωνία τείνει να εστιάζει στην εμφάνιση, δηλαδή στις φυσικές εκδηλώσεις της ύπαρξης. Πολλοί άνθρωποι δεν έχουν πραγματική κατανόηση του τι είναι η ψυχή και το πνεύμα- μπορεί να ισχυρίζονται ότι τα έχουν, αλλά συχνά βρίσκονται αδρανή μέσα τους, αναξιοποίητα. Αυτή η κατάσταση αντανακλά βαθιά άγνοια. Εκείνοι που δεν γνωρίζουν αντιλαμβάνονται το συνειδητό άτομο ως «τρελό», επειδή δεν μπορούν να κατηγοριοποιήσουν την προσωπικότητά του. Το συνειδητό άτομο είναι πολύ ρευστό, γρήγορο και ευπροσάρμοστο, γεγονός που μπορεί να μπερδέψει όσους έχουν περιορισμένη κατανόηση της πραγματικότητας.

Όταν λέω, για παράδειγμα, ότι είμαι συγγραφέας, οι άνθρωποι συχνά συζητούν για την έμπνευση, τη φιλοσοφία, τα αρχεία Ακασί και τις προσωπικές απόψεις. Υποθέτουν ότι απλώς φαντάζομαι τα βιβλία μου ή ότι βγάζω λέξεις από το πουθενά ή ότι απλώς παίζω με υπάρχουσες ιδέες. Αυτό αντανακλά την περιορισμένη τους άποψη για τον κόσμο. Δεν καταλαβαίνουν τι σημαίνει να είσαι πραγματικά συνειδητός, οπότε προσπαθούν να εξηγήσουν πράγματα πέρα από την πραγματικότητά τους με τις περιορισμένες αντιλήψεις τους.

Αν κάποιος είναι ακόμη λιγότερο συνειδητοποιημένος, μπορεί να υποθέσει ότι κλέβω πληροφορίες από άλλους ανθρώπους. Αυτές οι δύο αντιδράσεις είναι οι πιο συνηθισμένες που συναντώ, επειδή πολλοί άνθρωποι δεν φαίνεται να έχουν πραγματική συνείδηση- η αντίληψή τους είναι επιφανειακή. Υπάρχουν σε έναν κόσμο που, στην καλύτερη περίπτωση, διέπεται από φυσικές αντιδράσεις και δόγματα, και η ικανότητά τους να κατανοήσουν την αλήθεια είναι συσκοτισμένη. Δεν καταλαβαίνουν τι είναι ένα φωτισμένο ον ή πώς να επιτύχουν αυτή την κατάσταση. Αυτές οι αλήθειες παραμένουν κρυμμένες από αυτούς επειδή η ηθική τους ανάπτυξη είναι πολύ χαμηλή και η αλαζονεία τους πολύ υψηλή.

Θρησκευτικά κείμενα, συμπεριλαμβανομένων των ινδουιστικών γραφών, της Βίβλου και του Κορανίου, λένε ότι ο Θεός κρύβει την αλήθεια από τους κακούς και τους εγωιστές, επειδή μπορεί να την ανακαλύψει κανείς μόνο αφού φτάσει σε ορισμένα επίπεδα πνευματικής ανάπτυξης. Αυτά τα επίπεδα δεν σχετίζονται με βιβλία ή τελετουργίες. Ως αποτέλεσμα, αυτοί οι άνθρωποι ούτε βλέπουν ούτε ακούν όταν τους παρουσιάζεται η αλήθεια. Μπορεί ακόμη και να εξοστρακίσουν και να συκοφαντήσουν εκείνους που μπορούν να τη μοιραστούν μαζί τους. Οι θρησκευτικοί μάρτυρες αποτελούν παράδειγμα των αντιδράσεων του κόσμου στις ανώτερες αλήθειες.

Μόνο το πνεύμα διαρκεί αιώνια και διατηρεί αρχείο όλων όσων συνέβησαν στο παρελθόν, καθιστώντας δυνατή την αναδημιουργία σκέψεων, συναισθημάτων και γνώσεων από εκατοντάδες χρόνια πριν. Αν διαβάσετε σε αυτή τη ζωή το ίδιο βιβλίο που διαβάσατε σε μια προηγούμενη ζωή, θα νιώσετε και θα κατανοήσετε το βιβλίο πιο γρήγορα. Το φαινόμενο αυτό είναι ακόμη πιο αξιοσημείωτο για όσους έχουν ζήσει σε άλλους πλανήτες, επειδή έχουν μνήμες που δεν μπορούν να αναπαραχθούν στη Γη. Οι άνθρωποι συνήθως συνδέουν αυτά τα άτομα με πνευματικά θέματα, αλλά είναι πιο ακριβές να τα συνδέσουμε με την επιστήμη, επειδή η ικανότητά τους να εξηγούν πολύπλοκα θέματα υπερβαίνει τα επίπεδα που παρουσιάζονται στη Γη. Με τη συγχώνευση αυτών των δύο πεδίων, μπορούν να βοηθήσουν την ανθρωπότητα να εξελιχθεί πολύ πιο γρήγορα.

Κεφάλαιο 38: Η φύση του κακού

Η πνευματική γνώση είναι τόσο επιστημονική όσο και η επιστήμη, και η επιστήμη είναι τόσο πνευματική όσο και η πνευματικότητα. Όλη η γνώση είναι αλληλένδετη και πρέπει να παρουσιάζεται με ρεαλιστικό τρόπο. Η κατανόησή μας εξαρτάται από το τι βάζουμε σε προτεραιότητα. Πολλοί άνθρωποι τείνουν να δίνουν προτεραιότητα στο πνεύμα έναντι της διάνοιας, πιστεύοντας λανθασμένα ότι τα δύο ανήκουν σε ξεχωριστές σφαίρες. Αυτό είναι ένα σοβαρό λάθος, διότι η διάνοια προηγείται του νου. Ένα άτομο που διαλογίζεται χωρίς γνώση δεν μπορεί να κατανοήσει πλήρως τις εμπειρίες του- είναι σαν να πλοηγείται στον κόσμο χωρίς μνήμη. Μπορεί να είναι παρόντες στη στιγμή, αλλά περιορίζονται στις φυσικές τους αισθήσεις. Εξάλλου, πώς μπορείτε να αναζητήσετε απαντήσεις αν δεν αναγνωρίζετε καν την ύπαρξη των ερωτήσεων;

Δεν μπορείτε να αναζητήσετε αυτό που δεν αντιλαμβάνεστε ότι είναι πραγματικό, οπότε η πρόοδος της ψυχής πρέπει να πραγματοποιείται παράλληλα με τη συσσώρευση γνώσεων. Πριν μπορέσετε να κάνετε τις σωστές ερωτήσεις, πρέπει τουλάχιστον να αναγνωρίσετε ότι κάτι δεν πάει καλά μέσα σας. Οι περισσότεροι άνθρωποι δεν έχουν φτάσει σε αυτό το επίπεδο επίγνωσης, επειδή είναι απαραίτητο να κατανοήσουν τον εαυτό τους ως κάτι διαφορετικό από τον εαυτό των άλλων. Αυτή η διάκριση δεν αφορά το εγώ, αλλά απαιτεί τη μελέτη του εγώ, επειδή συνδέεται με τον αθάνατο εαυτό.

Όταν αρνείται, το εγώ παίζει κόλπα στο νου, ενισχύοντας και συσκοτίζοντας τον εαυτό του ταυτόχρονα. Η άρνηση του εγώ του επιτρέπει να αντικαταστήσει το υπερεγώ στην κριτική και ηθικοποιητική του λειτουργία, προβάλλοντας τον εαυτό του στους άλλους όταν αισθάνεται ότι απειλείται. Πρόκειται για μια διαβολική πρόταση που οι μάζες δέχονται πρόθυμα όταν τους λένε να είναι παρόντες και να σταματήσουν να κρίνουν τον εαυτό τους. Με την πάροδο του χρόνου, αυτή η νοοτροπία μπορεί να οδηγήσει σε ναρκισσισμό και ψύχωση. Ως αποτέλεσμα, ο νους εκλογικεύει το κακό ως καλό και την ηθική ως κακό.

Οι άθεοι δεν είναι απαραίτητα κατά της θρησκείας· πολλοί δεν έχουν διαβάσει ποτέ θρησκευτικό κείμενο. Αυτό που αντιτίθενται είναι η ηθική, επειδή έχουν μάθει να εκλογικεύουν τα πάντα και να σχετικοποιούν το κακό. Στην ουσία, οι άθεοι έχουν εξαπατηθεί και αρνούνται την ίδια τους την ψυχή. Ο αγώνας τους δεν είναι με τη θρησκεία, αλλά με την αίσθηση της ολοκλήρωσης της ζωής τους, μια παρεξήγηση της αξίας της ζωής που έχει ως αποτέλεσμα την πνευματική τους υποτίμηση. Πολλά από αυτά τα άτομα επιθυμούν κρυφά έναν κόσμο του κακού, καθώς τους δίνει μια αίσθηση νοήματος· διαφορετικά, θα προσπαθούσαν να προοδεύσουν στη ζωή ή να συμμετάσχουν σε συζητήσεις που δημιουργούν νόημα για τους ίδιους.

Είναι ενδιαφέρον να σημειωθεί ότι οι άθεοι συχνά βρίσκουν ικανοποίηση στο να αντικρούουν θρησκευτικά άτομα που συζητούν για την αξία της ζωής, όπως ακριβώς οι θρησκευόμενοι βρίσκουν ικανοποίηση στο να συζητούν για τους κινδύνους του κακού. Κάθε ομάδα, με τον δικό της τρόπο, ικανοποιείται από την ύπαρξη του κακού επειδή και οι δύο έχουν γαλουχηθεί, αν και με διαφορετικούς τρόπους, ώστε να είναι περήφανοι οπαδοί μιας συγκεκριμένης ιδεολογίας. Πείθουν τους εαυτούς τους ότι πρέπει να υπομείνουν τον πόνο προκειμένου να κάνουν το απαραίτητο έργο, ακόμη και αν αυτό το έργο έχει ελάχιστη σχέση με τον πραγματικό τους εαυτό. Γι' αυτό ο Ιησούς είπε: «Αν θέλεις να γίνεις μαθητής μου, πρέπει να μισήσεις όλους τους άλλους συγκριτικά: τον πατέρα και τη μητέρα σου, τη γυναίκα και τα παιδιά σου, τους αδελφούς και τις αδελφές σου - ναι, ακόμη και την ίδια σου τη ζωή. Διαφορετικά, δεν μπορείτε να γίνετε μαθητές μου» (Λουκάς 14:26).

Ο Ιησούς μιλούσε για την πλήρη απομάκρυνση από όλα και όλους που δεν συμβάλλουν στην πνευματική μας μεταμόρφωση, δηλαδή την ανάβαση του νου στο Πνεύμα. Αυτό συνεπάγεται επίσης ότι δεν μπορεί κανείς να είναι μαθητής του Χριστού και χριστιανός, επειδή οι δύο διδασκαλίες είναι εκ φύσεως αντιφατικές. Ο Ιησούς καλεί σε εξέλιξη μέσω της αποδέσμευσης από τον υλικό κόσμο, προκειμένου να διευκολυνθεί η ανάληψη. Δεν είναι δυνατόν να ακολουθήσει κανείς μια διδασκαλία συνειδητής αγάπης και, ταυτόχρονα, να ασκεί την αγάπη ως προσκόλληση σε γήινες αξίες και σχέσεις.

Για το λόγο αυτό, πολλές αρχαίες χριστιανικές αιρέσεις, που σήμερα ονομάζονται γνωστικιστικές, πίστευαν ότι ο φυσικός κόσμος ελέγχεται από τον Σατανά, μια υλική δοκιμασία που δημιουργήθηκε για να εμποδίσει την πνευματική μας άνοδο. Από αυτή την άποψη, η χριστιανική ερμηνεία των γραφών συνάδει με τις ινδουιστικές και βουδιστικές διδασκαλίες, δικαιολογώντας το όνομα Ιησούς Χριστός ως συγχώνευση του εβραϊκού μονοθεϊσμού και του ινδουισμού.

Ο όρος «Je-Su» σημαίνει επίσης «γουρούνι» στα λατινικά, γεγονός που υποστηρίζει την ιδέα μιας μυθολογίας θυσίας όχι για να σωθεί η ανθρωπότητα, αλλά για να φυλακιστεί. Η Ρωμαϊκή Αυτοκρατορία πέτυχε τρεις βασικούς στόχους με τη δημιουργία του σύγχρονου Χριστιανισμού: έχτισε μια γέφυρα μεταξύ όλων των γνωστών θρησκειών για να τις ενώσει σε μια ενιαία παγκόσμια θρησκεία- προώθησε μια ιδεολογία αγάπης που θα έκανε τους ανθρώπους υπάκουους στην κυριαρχία της και παθητικούς μπροστά στα δεινά, εξαλείφοντας την εξέγερση ενάντια στη δομή της εξουσίας- και χρησιμοποίησε τον θάνατο του Χριστού ως σύμβολο καταπίεσης και όχι απελευθέρωσης, δημιουργώντας μια από τις πιο αποτελεσματικές μεθόδους συλλογικού ελέγχου του νου - που αργότερα ενισχύθηκε με τη χρήση της φωτιάς και τις κραυγές αθώων που κάηκαν ζωντανοί στις δημόσιες πλατείες.

Κεφάλαιο 39:
Η γνώση στην κοινωνία

Το μεγαλύτερο αμάρτημα των πολλών αθώων ανθρώπων που δολοφονήθηκαν επειδή μελετούσαν απόψεις αντίθετες με το κυρίαρχο δόγμα, αποκαλούμενοι «αιρετικοί», ήταν ότι αναζητούσαν την αλήθεια που θα μπορούσε να απελευθερώσει το μυαλό τους. Τιμωρήθηκαν σωματικά και δολοφονήθηκαν επειδή διάβαζαν βιβλία και ασκούσαν απαράδεκτες πεποιθήσεις. Αυτό αργότερα δικαιολόγησε την εξάλειψη πολλών θρησκευτικών πρακτικών στην Ευρώπη. Οι κρίσεις αυτές είχαν περισσότερο να κάνουν με τον φόβο της διάδοσης της γνώσης και της αφύπνισης των μαζών παρά με τις πρακτικές των καταδικασθέντων.

Για παράδειγμα, πριν ο Τζορντάνο Μπρούνο οδηγηθεί σε μια δημόσια πλατεία για να καεί από την Ιερά Εξέταση, μια μακριά μεταλλική αιχμή μπήκε στο αριστερό του μάγουλο, τρυπώντας τη γλώσσα του και βγαίνοντας από το δεξί του μάγουλο. Στη συνέχεια, μια άλλη αιχμή εισήχθη κάθετα στα χείλη του. Μαζί, τα καρφιά σχημάτιζαν έναν σταυρό που τον εμπόδιζε να μιλήσει. Όταν οι φλόγες ήταν έτοιμες να καταναλώσουν το σώμα του, ένας από τους ιερείς έσκυψε μέσα στη φωτιά με έναν σταυρό, αλλά ο Μπρούνο απλώς έστρεψε το κεφάλι του μακριά, γνωρίζοντας ότι δεν εκπροσωπούσαν τον αληθινό χριστιανισμό, αλλά ένα ψέμα.

Η αληθινή σωτηρία έρχεται μέσα από μια άμεση σχέση με τον Θεό στο ανθρώπινο πνεύμα, γιατί, όπως δίδασκαν οι αρχαίοι Γνωστικοί, το σώμα είναι η φυλακή μας. Ελευθερωνόμαστε από αυτή τη φυλακή όταν πεθαίνουμε, γι' αυτό και οι αρχαίοι Γνωστικοί δεν φοβόντουσαν τον θάνατο. Τον καλωσόριζαν ως έναν τρόπο διαφυγής από αυτό το βασίλειο. Είδαν ότι η φυλακή του σώματος αποτελείται από βάσανα και συναισθήματα που γίνονται μέρος των αναμνήσεων του πνεύματος, των αθάνατων αρχείων μας.

Όταν ξαναγεννιόμαστε στη Γη, το περιβάλλον διεγείρει ξανά αυτούς τους παλιούς φόβους, κάνοντάς μας παρανοϊκούς και παράλογους. Αυτός ο υποσυνείδητος έλεγχος είναι αυτό που ονομάζουμε κάρμα. Ο μόνος τρόπος για να τον εξαλείψουμε είναι μέσω των τριών εκδηλώσεων της γνώσης: της κοινής λογικής, της ηθικής γνώσης και της γνώσης της ύπαρξης και των αναπαραστάσεων και προβολών της στο νου και τη συνείδηση, γνωστή και ως γνώση του πνεύματος.

Καθώς το άτομο αποκτά επίγνωση του Πνεύματος και ευθυγραμμίζεται με αυτό, η ψυχή επεκτείνεται στην αναζήτηση του αληθινού εαυτού. Η αληθινή ταυτότητα επεκτείνεται πέρα από την προσωπικότητα και το πνευματικό ον είναι τελικά σε θέση να εγκαταλείψει το δαιμονικό βασίλειο των χαμηλότερων δονήσεων που ονομάζεται Γη. Αυτή η διαδικασία είναι σταδιακή και, καθώς η ύπαρξή μας είναι πολύ σύντομη, μια ζωή συνήθως δεν είναι αρκετή για την απελευθέρωση πολλών ψυχών. Χρειάζονται αρκετές μετενσαρκώσεις προτού ένα άτομο αποκτήσει επίγνωση του αθάνατου εαυτού του.

Ωστόσο, επειδή δεν έχουμε ενσυναίσθηση με τους άλλους και βλέπουμε ολόκληρη την ανθρώπινη φυλή διαιρεμένη από έθνη και πολιτισμούς, συμβαίνει συχνά η πρόοδός μας ως πνεύμα να επιβραδύνεται ακριβώς επειδή μπορεί να μετενσαρκωθούμε σε ένα πλαίσιο που δεν μας επιτρέπει να εξελιχθούμε. Οι άνθρωποι που γεννιούνται σε συνθήκες φτώχειας, με ανικανότητες ή υποφέρουν από σοβαρά τραύματα νωρίς στη ζωή τους γνωρίζουν καλά τι σημαίνει αυτό, διότι για να απελευθερωθούν από μια τέτοια κατάσταση και να εξελιχθούν προς τον πλησίον τους, πρέπει να υποστούν τεράστιες θυσίες, που σχετίζονται με συναισθηματικές προσκολλήσεις, πείνα, σωματική ταλαιπωρία, ακόμη και ηθική.

Το πιο σκληρό από όλα τα κακά είναι όταν οι άνθρωποι πρέπει να διαπράξουν ένα έγκλημα, να πουν ψέματα ή να κρυφτούν από τον κόσμο προκειμένου να επιβιώσουν ή να βοηθήσουν κάποιον άλλο να κάνει το ίδιο. Αν και αυτό το είδος ηθικής θυσίας δεν συζητείται ποτέ, έχει συνέπειες για τον ψυχισμό του ατόμου. Όλοι οι άνθρωποι στη Γη, εκτός από εκείνους που έχουν έρθει από ανώτερα βασίλεια, έχουν διαπράξει εγκλήματα σε κάποιο σημείο της πνευματικής τους πορείας και μπορεί να εξακολουθούν να ενεργούν με μεγαλύτερη συνέπεια προς αυτά τα ανεξιχνίαστα εγκλήματα παρά προς την πνευματική τους πρόοδο. Οι άνθρωποι που φοβούνται να θυμηθούν προηγούμενες ζωές ή που έχουν βίαιη και παράλογη αντίδραση στο θέμα της μετενσάρκωσης συνήθως αρνούνται στον εαυτό τους τη δυνατότητα να εκτεθούν δημόσια, γιατί είναι χειρότερο για τους άλλους να ξέρουν τι έχεις κάνει παρά για σένα να θυμάσαι.

Μόλις απελευθερωθεί από την υλική φυλακή, το άτομο είναι ελεύθερο να μετενσαρκωθεί στα πολλά βασίλεια του ουρανού, μια μεταφορική εξήγηση για τις πραγματικότητες χαμηλότερης πυκνότητας. Δεν θα έλεγα ότι αυτοί οι κόσμοι είναι βαρετοί, αλλά οι άνθρωποι που εκλογικεύουν τη σημασία και τη σχετικότητα του κακού σίγουρα δεν είναι αρκετά εξελιγμένοι ώστε να κατανοήσουν την ύπαρξη μιας πραγματικότητας όπου τα πάντα είναι ευχάριστα και όπου δεν υπάρχει φόβος, ανεντιμότητα, πόνος, τιμωρία, έγκλημα ή ανηθικότητα οποιουδήποτε είδους.

Ο Ιησούς, ως πραγματικό πρόσωπο που προώθησε μια φιλοσοφία της αλήθειας, έπρεπε να είναι γνωστικός και αλχημιστής που δίδαξε για την Ανάληψη, διότι: Μέσω της γης και του νερού, δημιουργείς τις εμπειρίες στη ζωή σου- μέσω της φωτιάς και του αέρα, καθορίζεις τη φύση αυτών των εμπειριών- μέσω του μετάλλου, δίνεις μορφή στη ζωή σου. Η συμβολική σημασία του μετάλλου, ή της γνώσης, συχνά αναπαρίσταται από τις μυστικές κοινωνίες με ένα σφυρί, επειδή το μέταλλο είναι η δράση, είναι το εργαλείο με το οποίο διαμορφώνετε το πεπρωμένο σας. Λέγοντας ότι δεν ήρθε να φέρει ειρήνη, αλλά τη ρομφαία (Ματθαίος 10:33), ο Ιησούς αναφερόταν στη δικαιοσύνη μέσω της διαίρεσης μεταξύ πιστών και απίστων.

Κεφάλαιο 40: Η φύση της ύπαρξης

Οι άνθρωποι συχνά συγχέουν τη γνώση με τη δράση, τη σοφία ή την πνευματικότητα, αλλά αυτά δεν είναι το ίδιο πράγμα.

- Η γνώση είναι η μορφή, η δομή των πεποιθήσεών σας.

- Η δράση είναι η κίνηση, δηλαδή η εφαρμογή της γνώσης.

- Σοφία είναι η κατανόηση, δηλαδή η αναγνώριση της αξίας της γνώσης.

- Πνευματικότητα είναι ο σκοπός: να βλέπετε τον σκοπό σας στην εφαρμογή της γνώσης και της δράσης.

Οι μάζες δυσκολεύονται να κατανοήσουν αυτή τη διάκριση επειδή τους λείπει η διάκριση, μια ικανότητα που απαιτεί αρετή, ηθική και γνώση. Δεν είναι δυνατόν να κατανοήσετε αυτές τις έννοιες αν σας απασχολεί να γίνετε αποδεκτοί και να επικυρώνεστε από τους άλλους. Παρόλο που μπορεί να νιώθετε αποδεκτοί και επικυρωμένοι μέσα σε αυτούς τους κύκλους, αυτοί θα σας δεσμεύουν και θα σας κρατούν δεμένους στον φυσικό κόσμο, εμποδίζοντάς σας να κατανοήσετε τις διδασκαλίες του Χριστού ή του Βούδα.

Είμαι πεπεισμένος ότι το μονοπάτι του πνεύματος είναι ο δρόμος για να γίνετε ένας καλός, ειλικρινής και ευχάριστος άνθρωπος. Δυστυχώς, πολλοί άνθρωποι δεν το βλέπουν αυτό επειδή έχουν εμμονή με το να είναι καλύτεροι από τους άλλους. Για παράδειγμα, οι Μάρτυρες του Ιεχωβά, όπως και πολλοί Χριστιανοί, πιστεύουν λανθασμένα ότι ο κόσμος θα ήταν καλύτερος αν όλοι οι άλλοι ήταν νεκροί. Ομοίως, οι Σαηεντολόγοι, καθώς και οι Ροδόσταυροι και πολλοί μασόνοι που έχω γνωρίσει, πιστεύουν ότι εντάσσονται σε αυτές τις ομάδες για να αποκτήσουν ειδικές δυνάμεις. Ωστόσο, δεν έχω συναντήσει ποτέ κανέναν με μαγικές δυνάμεις πέρα από την ικανότητα να μετατρέπει την αλαζονεία σε παραληρηματικές πεποιθήσεις.

Οι καλύτεροι άνθρωποι που έχω γνωρίσει καταλαβαίνουν ότι ο στόχος της πνευματικότητας είναι απλώς να γίνεις καλύτερος άνθρωπος. Οι πιο εξελιγμένοι άνθρωποι που έχω γνωρίσει είναι απλοί, ειλικρινείς, ρεαλιστές και ταπεινοί. Ο κόσμος συνήθως τους αγνοεί επειδή οι μάζες δεν είναι αρκετά εξελιγμένες ώστε να δουν την αξία τους. Σε έναν κόσμο γεμάτο αλαζονεία, αγένεια, άγνοια, αυταπάτες, κατάθλιψη και θυμό, όπου οι άνθρωποι προσπαθούν να αποκτήσουν πλεονέκτημα έναντι των άλλων και τρέφουν φθόνο και μνησικακία προς εκείνους που πετυχαίνουν με σκληρή δουλειά, το να είσαι φυσιολογικός, χωρίς φθόνο, φόβο ή κατάθλιψη και χωρίς την ανάγκη να ανταγωνίζεσαι τους άλλους, είναι πράγματι μια μαγική δύναμη και ένα μεγάλο μυστικό για τις μάζες.

Ο πάνω και ο κάτω κόσμος αντιπροσωπεύονται από διαφορετικά σύμβολα σε πολλούς πολιτισμούς, επειδή συνδέονται μεταξύ τους. Όταν πρόκειται για την εξέλιξη της ανθρωπότητας, αυτός είναι πραγματικά ο μόνος τρόπος προσέγγισης. Το Δέντρο του Yggdrasil στη μυθολογία των Βίκινγκς, το Δέντρο της Ζωής και το Δέντρο της Γνώσης στις χριστιανικές γραφές και το βαβυλωνιακό αστέρι του δαιμονικού θεού Μολώχ, που επανερμηνεύτηκε ως εβραϊκό σύμβολο, μοιράζονται όλα το ίδιο κρυφό νόημα: αντιπροσωπεύουν την ένωση των συμβόλων που έρχονται από ψηλά με τον υλικό κόσμο που μας περιβάλλει και υπάρχει μέσα μας.

Αυτά τα σύμβολα μπορούν να παρατηρηθούν με τη μορφή εικόνων και ονείρων, που συχνά συσχετίζονται με τα συναισθήματα, τη διαίσθηση και τις σκέψεις. Γενικά, οι εξαιρετικά πνευματικά εξελιγμένοι άνθρωποι με ισχυρότερη διαίσθηση έχουν πολύ πιο ξεκάθαρα όνειρα και οράματα, τόσο στον ύπνο όσο και στην εγρήγορσή τους. Οι εκδηλώσεις αυτής της σύνδεσης ξεκινούν ως τρεμοπαίγνουσες ιδέες, στη συνέχεια εξελίσσονται σε ολοκληρωμένα μοτίβα σκέψης και τελικά αναδύονται ως οράματα, αναμνήσεις και ολόκληρες βιβλιοθήκες γνώσης. Αυτή η γνώση περιλαμβάνει όλα όσα έχετε διαβάσει, μάθει και βιώσει σε πολλές ζωές.

Κάποιες εμπειρίες θα υπερισχύσουν φυσικά έναντι άλλων και, καθώς εξελίσσεστε σε υψηλότερα πνευματικά επίπεδα, μπορεί να αναπτύξετε νέα πάθη και ενδιαφέροντα που σας φαίνονται νοσταλγικά, καθώς μπορεί να συνδέονται με μια προηγούμενη ζωή που είχε μεγαλύτερο νόημα για εσάς. Οι συγγραφείς που δεν έχουν ολοκληρώσει το έργο τους, για παράδειγμα, μπορούν να ανακτήσουν το χαμένο πάθος τους μέσω της αυτογνωσίας στον διαλογισμό ή σε άλλες πνευματικές πρακτικές. Το ίδιο συμβαίνει και με τους μουσικούς και τους ζωγράφους των οποίων το έργο έχει διακοπεί ή οι οποίοι, μετά από μια μη ικανοποιητική ύπαρξη ως πιανίστες, αισθάνονται την ανάγκη να ξαναρχίσουν αυτή τη σταδιοδρομία προκειμένου να εκδώσουν τη δική τους μουσική.

Αυτό το φαινόμενο έχει λιγότερο να κάνει με το ανολοκλήρωτο κάρμα και περισσότερο με την πνευματική μας πρόοδο. Συχνά νιώθουμε την ανάγκη να ολοκληρώσουμε ορισμένους κύκλους πριν προχωρήσουμε στον επόμενο. Ο λόγος για τον οποίο τείνουμε να αναβιώνουμε παλιές συνήθειες σχετίζεται με την αναζήτηση νοήματος μέσω του εαυτού. Εκείνοι που το κάνουν αυτό συχνά γίνονται οι πιο εμπνευσμένοι και μοναδικοί καλλιτέχνες και συγγραφείς. Η κατάκτηση τεχνικών δεν κάνει κάποιον καλλιτέχνη, αν και μπορεί να είναι απαραίτητη. Αυτό είναι κάτι που πολλοί σαϊεντολόγοι αδυνατούν να καταλάβουν- επαινούν τους καλλιτέχνες, εκτός από εκείνους που επικρίνουν τις πρακτικές τους, και στη συνέχεια αποκαλούν τους εαυτούς τους καλλιτέχνες, ενώ το μόνο που κάνουν είναι να πιτσιλίζουν τυχαία χρώματα σε έναν λευκό καμβά.

Οι περισσότεροι άνθρωποι καταλήγουν να είναι μια πλήρης προσβολή για τις ίδιες τις θρησκευτικές τους αξίες, επειδή δεν μπορούν να δουν τις συνέπειες των πρακτικών τους όταν διδάσκονται λανθασμένα. Παθαίνουν εμμονή με το να είναι μοναδικοί και καλύτεροι από τους άλλους και καταλήγουν να διαστρεβλώνουν τις πληροφορίες σε μια προσπάθεια να προστατεύσουν τον εαυτό τους. Η πνευματικότητα, ωστόσο, δεν είναι κάτι που μπορείτε να ακολουθήσετε τυφλά ή να πιστέψετε σε αυτό. Η πνευματικότητα, είτε είναι θρησκευτική είτε ατομική, δεν έχει νόημα ως δόγμα.

Κεφάλαιο 41:
Η πνευματικότητα στη ζωή

Ό ταν το σώμα διαφθείρεται από ψευδείς ή ελλιπείς διδασκαλίες, επηρεάζεται η δόνηση. Οι περισσότεροι δημόσιοι ομιλητές κάνουν ακριβώς αυτό όταν αγνοούν τους συμπαντικούς νόμους του πνεύματος. Διαταράσσουν την ισορροπία του νου και του πνεύματος, προκαλώντας το ενεργειακό σώμα να γίνει τοξικό και γεμάτο κακές ιδέες, πράγμα που μοιάζει με δαιμονική πρακτική. Το καλό συναίσθημα που περιγράφουν πολλοί αναγνώστες όταν διαβάζουν τα βιβλία μου προέρχεται από μια μετάλλαξη της συνείδησης που ανεβάζει το ενεργειακό σώμα σε υψηλότερα επίπεδα δόνησης. Αυτή η διαδικασία λειτουργεί ως καθαρισμός του ενεργειακού σώματος μέσω του πνευματικού σώματος, εξαλείφοντας αρνητικές σκέψεις, πεποιθήσεις και οράματα.

Έτσι, όσοι αφομοιώνουν υψηλότερα πρότυπα αυξάνουν την ικανότητά τους να βλέπουν και να κατανοούν τον κόσμο. Δεν είναι απλώς πιστοί, αλλά μάντεις. Όταν πολλοί αναγνώστες ισχυρίζονται ότι έχουν διαβάσει τα βιβλία μου αρκετές φορές, είναι επειδή συνειδητοποιούν ότι τα κείμενα αυτά δεν είναι απλώς λέξεις σε μια κενή σελίδα, αλλά μια μορφή πνευματικής ιατρικής που κρατά το σώμα σε υψηλά επίπεδα δόνησης. Ουσιαστικά, μια καλή και αληθινή διδασκαλία πρέπει να περιέχει αυτά τα στοιχεία, τα οποία είναι συμπληρωματικά προς τα αλχημικά στοιχεία. Το πνεύμα, ή το ενεργειακό σώμα, απαιτεί έναν καλά διατυπωμένο συνδυασμό των άλλων τεσσάρων στοιχείων προκειμένου να ανέλθει σε ένα υψηλότερο επίπεδο:

- Αέρας: γνώση της αλήθειας,

- Νερό: συναισθηματική ισορροπία,

- Γη: υλικός πλούτος που εκδηλώνεται μέσω της απόκτησης νοήματος και αποτελεσμάτων.

- Φωτιά: κατάλληλη εφαρμογή των ενεργειών, των επιθυμιών και των κινήτρων στα αποτελέσματα που εκδηλώνονται στον φυσικό κόσμο.

Η γνώση της αλχημείας πιστεύεται ότι προήλθε από αρχαίους πολιτισμούς που είχαν άμεση επαφή με εξωγήινους, από τους οποίους έλαβαν αυτή τη γνώση, καθώς και άλλες σχετικές πληροφορίες στον τομέα της μαντείας, ακολουθώντας τις ίδιες αρχές. Όταν αυτές οι μεγάλες πόλεις εξαφανίστηκαν κάτω από τη θάλασσα -στην απεραντοσύνη του Ατλαντικού και του Ειρηνικού Ωκεανού, μεταξύ άλλων- ό,τι απέμεινε από αυτές με τη μορφή θεωριών μεταβιβάστηκε σε άλλους πολιτισμούς στην Ασία και τη Βόρεια Αμερική.

Οι ιθαγενείς Αμερικανοί κατέχουν επίσης γνώσεις αλχημείας, τις οποίες έχουν μεταδώσει μέσω των πολλών θρύλων τους. Οι γνώσεις αυτές στη συνέχεια επανερμηνεύτηκαν και μελετήθηκαν σε διάφορα μέρη του κόσμου. Δυστυχώς, λόγω των θρησκευτικών διώξεων και του αποικισμού πολλών χωρών από τους Βρετανούς, τους Πορτογάλους, τους Ισπανούς, τους Γάλλους και τους

Ολλανδούς - με αποτέλεσμα τη δολοφονία πολλών ανθρώπων και το κάψιμο των θρησκευτικών κειμένων - χάθηκαν σχεδόν τα πάντα, συμπεριλαμβανομένων των θρύλων και των παραδόσεων που μεταβιβάστηκαν από γενιά σε γενιά. Μεγάλο μέρος του αραβικού κόσμου καταστράφηκε επίσης από τον θρησκευτικό φανατισμό και τον αποικισμό του ΝΑΤΟ, ο οποίος συνδύασε τη σκληρότητα των Ηνωμένων Πολιτειών και της Ευρώπης με την υποκρισία των λαών του υπό νέους αποικιοκρατικούς σκοπούς.

Όταν συνειδητοποιήσουμε ότι ο πολιτισμός δεν είναι απλώς κάτι που παίρνουμε, κλέβουμε, αντιγράφουμε ή αφομοιώνουμε, αλλά κάτι από το οποίο μαθαίνουμε, θα ανακαλύψουμε νέους τρόπους να ζούμε σε μεγαλύτερη αρμονία. Σίγουρα έτσι έχω μάθει από πολλούς πολιτισμούς, και γι' αυτό μπορώ να πω ότι η αλχημεία είναι μέρος της ζωής μου, συμπεριλαμβανομένου του τρόπου που μαγειρεύω. Επιπλέον, πολλά προβλήματα που αντιμετωπίζουν τα φυσικά σώματα των ανθρώπων μπορούν να συνδεθούν με αυτή την αλχημική ανισορροπία, η οποία μπορεί να διορθωθεί με την κατανόηση των παρακάτω:

- Νερό: ένα ποτήρι νερό με λεμόνι (φωτιά) και το αλάτι από το φαγητό,

- Γη: πατάτες, καρότα και άλλα λαχανικά,

- Αέρας: κάσιους και άλλα φρούτα και ξηρούς καρπούς, συμπεριλαμβανομένων των ελιών και του ελαιολάδου.

- Φωτιά: πάπρικα, μαύρο πιπέρι και πικρά φρούτα όπως το λεμόνι.

Και πού ταιριάζουν το κρέας και τα ψάρια; Είναι μέταλλα, όπως ακριβώς είναι και το σώμα σας. Αν η διατροφή σας δεν είναι ισορροπημένη και περιέχει υπερβολική ποσότητα μετάλλων ή ζωικών προϊόντων, θα δυσκολευτείτε να συγκεντρωθείτε και να απορροφήσετε νέες πληροφορίες, καθώς και θα έχετε περισσότερες πιθανότητες να βιώσετε αρνητικά συναισθήματα και σκέψεις, καθώς τα μέταλλα μπορούν να κάνουν το σώμα σας πιο όξινο. Τα μέταλλα μπορούν επίσης να συμβάλουν στην ανάπτυξη ασθενειών.

Αυτό δεν σημαίνει ότι δεν μπορείτε να τρώτε κρέας, ψάρι, αυγά ή γαλακτοκομικά προϊόντα- σημαίνει ότι είναι πιο πιθανό να αναπτύξετε ψυχικές και σωματικές ασθένειες αν δεν ακολουθήσετε αυτές τις αρχές. Πολλοί άνθρωποι είναι ψυχικά και σωματικά ανθυγιεινοί και, ως εκ τούτου, μπορεί να μην είναι τόσο ελκυστικοί. Ωστόσο, οι σύγχρονοι γιατροί γενικά δεν αντιμετωπίζουν αυτά τα ζητήματα επειδή δεν γνωρίζουν πολλά για τη διατροφή, την αλχημεία ή τη σχέση μεταξύ των στοιχείων της φύσης και του ανθρώπινου σώματος. Αποδίδουν τα πάντα στη βιολογία και την αιτιότητα, πράγμα που είναι ένας περιορισμένος και λανθασμένος τρόπος θεώρησης της ζωής, αν και βοηθάει στην πώληση φαρμάκων.

Όταν οι άνθρωποι αποκτούν εμμονή με το χρήμα, επηρεάζονται τα κατώτερα τσάκρα του πνευματικού τους σώματος, διαφθείρονται πνευματικά και χάνουν το ενδιαφέρον τους για ανώτερες μορφές θεραπείας. Αυτό μπορεί να εξηγήσει γιατί έχω δει τόσους πολλούς γιατρούς και νοσηλευτές να συμβουλεύουν τους ασθενείς να κάνουν πράγματα που στην πραγματικότητα επιταχύνουν το θάνατό τους. Με αυτόν τον τρόπο, ένα ον χαμηλής ενέργειας, ο γιατρός, μπορεί να βλάψει ένα άλλο ον χαμηλής ενέργειας, τον αδαή ασθενή.

Όταν οι άνθρωποι τυφλώνονται από τον κόσμο των μορφών, δεν βλέπουν αυτό που θα έπρεπε να έχει νόημα για αυτούς. Η δυσπεψία, το άγχος και η κατάθλιψη - συνηθισμένα προβλήματα στη σημερινή κοινωνία - συνήθως προκαλούνται από μια μη ισορροπημένη διατροφή, συχνά σε συνδυασμό με την υπερβολική κατανάλωση ζωικών πρωτεϊνών, που μπορεί να κάνουν το σώμα όξινο. Είναι δυνατόν να αντιστραφεί αυτή η κατάσταση απλά προσθέτοντας περισσότερα λαχανικά, τσίλι και λεμόνια στη διατροφή, καθώς και φρούτα, σπόρους και ξηρούς καρπούς, για να εξισορροπηθούν τα στοιχεία της γης, της φωτιάς και του αέρα.

Κεφάλαιο 42: Ανθρώπινες σχέσεις

Ο Ιησούς είπε: «Ο λαός μου πεθαίνει από άγνοια» (Ωσηέ 4:6). Κατά ειρωνικό τρόπο, αυτή η χριστιανική ρήση έχει μεγαλύτερη εφαρμογή σήμερα στις σατανικές φιλοσοφίες στις οποίες οι Χριστιανοί ισχυρίζονται ότι αντιτίθενται. Η Σατανική Βίβλος, γραμμένη από τον Anton LaVey, προσδιορίζει την ανθρώπινη βλακεία ως τον χειρότερο εχθρό του ανθρώπου, και μια συνέπεια αυτής της βλακείας είναι η φοβερή «νοοτροπία της αγέλης». Έτσι, η ατομικότητα δεν είναι κακό πράγμα- αυτό που είναι απαραίτητο είναι η ικανότητα να σκέφτεται κανείς για τον εαυτό του, προκειμένου να φτάσει σε υψηλότερα πεδία. Εν τω μεταξύ, βλέπω πολύ μίσος στον κόσμο, που προκύπτει από τη συστηματική δυστυχία και τον συνεχή φόβο, τα οποία πηγάζουν και τα δύο από την άγνοια. Η άγνοια είναι συνήθως το αποτέλεσμα της τεμπελιάς, η οποία με τη σειρά της τροφοδοτείται από την εμμονή στην απόλαυση.

Για να παρατηρήσετε αυτά τα χαρακτηριστικά και να μην επηρεαστείτε από αυτά, πρέπει να ενσωματώσετε αυτό που οι μυστικές κοινωνίες αποκαλούν «το μάτι της καταιγίδας». Μπορείτε να επιλέξετε να είστε παρατηρητής, ανεπηρέαστοι από τους μηχανισμούς του κόσμου. Είναι δύσκολο, αλλά εφικτό. Να θυμάστε ότι οι άνθρωποι έρχονται και φεύγουν, αλλά ο ήλιος, η θάλασσα και τα βουνά θα παραμένουν πάντα. Στη ζωή, μη ρωτάτε ποτέ τι μπορούν να κάνουν οι άλλοι για σας- ρωτήστε τι μπορείτε να κάνετε εσείς για τον εαυτό σας. Μην υποθέτετε ότι οι άλλοι μπορούν να σας βοηθήσουν να βελτιωθείτε- αναζητήστε τρόπους να βελτιωθείτε εσείς, μένοντας πιστοί στην πνευματική σας φύση. Ζητήστε πριν λάβετε την άδεια και χαμογελάστε ακόμα και όταν συκοφαντούν το όνομά σας.

Το να αντιδράτε στον κόσμο σημαίνει ότι γίνεστε σαν αυτόν και πέφτετε στις παγίδες και τα συναισθηματικά δράματά του. Το να περιμένετε από τον κόσμο να σας σεβαστεί είναι σαν να ξεχνάτε το πνευματικό σας μονοπάτι προκειμένου να προσφέρετε στους άλλους αυτό που θέλουν, το οποίο είναι πάντα κατώτερο από αυτό που μπορείτε να κάνετε για τον εαυτό σας. Ποτέ μην περιμένετε από κάποιον να σας δείξει ένα καλύτερο αποτέλεσμα για το μέλλον σας, καθώς αυτό σπάνια θα συμβεί. Στην καλύτερη περίπτωση, θα θέλουν για εσάς αυτό που δεν μπορούν να πετύχουν για τον εαυτό τους. Για όλους αυτούς τους λόγους, είναι ανόητο να περιμένουμε από τους άλλους να αποδεχτούν τις σκέψεις ή τις απόψεις μας. Δεν πρέπει να μιλάμε για να κερδίσουμε την έγκριση, αλλά μόνο όταν και εφόσον είναι απαραίτητο. Μια ανομολόγητη λέξη είναι καλύτερη από μια χαμένη.

Ποτέ μην κρίνετε αυτά που λένε οι άνθρωποι ως σωστά ή λάθος- αυτά που λένε έχουν νόημα μόνο ανάλογα με τις προθέσεις τους απέναντί σας. Θα πρέπει να κρίνετε τους άλλους από το πώς σας κρίνουν, όχι από αυτά που λένε. Αν περιμένετε από τους άλλους να σας διορθώσουν, δεν θα αναπτύξετε ποτέ την ικανότητα να αναγνωρίζετε και να διορθώνετε τα δικά σας λάθη, η οποία είναι η υψηλότερη ικανότητα της διάνοιας: η αυτοκριτική μέσω της μεταγνωστικής ανάλυσης.

Αν οι άλλοι σας συμπαθούν, σας αγαπούν, σας λατρεύουν, σας θαυμάζουν και θέλουν να είναι μαζί σας, αυτό είναι θαυμάσιο. Ωστόσο, αν σας μισούν, σας περιφρονούν, σας γελοιοποιούν, δεν σας σέβονται και σας αποφεύγουν, αυτό δεν πρέπει να επηρεάζει τις προθέσεις ή τις προσπάθειές σας να βελτιωθείτε στη ζωή σας. Σε αυτή την ηθική θεώρηση της δράσης, το να σας θεωρούν πολύ όμορφο ή πολύ άσχημο έχει ακριβώς την ίδια σημασία: το ένα προσθέτει αξία, ενώ το άλλο δεν πρέπει να την μειώνει. Είναι πιο επωφελές να είστε ειλικρινείς με τον εαυτό σας και τη φύση σας παρά να το αποφεύγετε, επειδή αυτή η στάση δεν απαιτεί ποτέ να μειώσετε την αυτοεκτίμησή σας, την αυτοαξία σας ή τις δυνατότητές σας να ονειρεύεστε. Στην πραγματικότητα, όσο περισσότερο αισθάνεστε ότι σας λείπει, τόσο πιο σημαντικά πρέπει να είναι τα όνειρά σας. Είναι φυσικό όσοι υποφέρουν περισσότερο να έχουν τις μεγαλύτερες φιλοδοξίες, αν και θα ήταν καλύτερα αν αυτές τροφοδοτούνταν από την αγάπη, ώστε η τέχνη τους να εκδηλωθεί σε μια πιο αγαπητική κοινωνία.

Μέχρι να νιώσετε πονοκεφάλους, κατάθλιψη ή πόνο στο ενεργειακό και στο φυσικό σας σώμα, δεν μπορείτε να υποθέσετε ότι έχετε δουλέψει αρκετά σκληρά. Ένα δυνατό σώμα απαιτεί πολλή πειθαρχία και πόνο, όπως και το μυαλό και η ψυχή. Σφυρηλατούμαστε σαν μέταλλο κάτω από την πιο καυτή φωτιά. Ωστόσο, καθώς βελτιώνεστε ως άνθρωπος, η αίσθηση της δικαιοσύνης σας οξύνεται. Μπορεί να αισθάνεστε υποχρεωμένοι να μιλήσετε, να κρίνετε και να διορθώσετε τους άλλους σε θέματα όπως η θρησκεία, η πολιτική, ακόμη και το σεξ, αλλά είναι καλύτερα να επικεντρωθείτε στην ηθική, τις κοινωνικές αξίες και την αγάπη.

Καθώς εξελίσσεστε στο μυαλό, το σώμα και το πνεύμα, θα συνειδητοποιήσετε επίσης ότι οι μάζες δεν κάνουν διάκριση μεταξύ πίστης και αλήθειας. Νομίζουν ότι όλα είναι το ίδιο και καταλήγουν να εκλογικεύουν έναν κόσμο που δεν κατανοούν πραγματικά. Αυτός είναι ο λόγος για τον οποίο η πιθανότητα να πιστέψει κανείς σε άλλους κόσμους, όπως η ύπαρξη εξωγήινων, τρομάζει τόσους πολλούς ανθρώπους. Οι μάζες αντιστέκονται στο να εξετάσουν άλλες πραγματικότητες ή πεποιθήσεις, επειδή αυτό απαιτεί να επανεξετάσουν τις πεποιθήσεις τους. Ωστόσο, η άγνοια δεν είναι μια μόνιμη κατάσταση. Οι αδαείς πάντοτε οδεύουν προς την αυτοκαταστροφή λόγω της έλλειψης διάκρισης.

Κεφάλαιο 43:
Το ταξίδι της αυτογνωσίας

Ένα πράγμα που δεν αντιλαμβάνονται οι αδαείς είναι ότι η πίστη δεν είναι συνώνυμο της αλήθειας και ότι το να πιστεύεις σε κάτι δεν το κάνει αληθινό. Παρόλο που αυτή η έννοια φαίνεται απλή, οι περισσότεροι άνθρωποι δεν έχουν ακόμη φτάσει σε αυτή τη βασική κατανόηση, η οποία είναι απαραίτητη αν θέλουμε να αυτοπροσδιοριζόμαστε ως νοήμονα όντα και συνεπώς να θεωρούμε τους εαυτούς μας ανθρώπους. Μόνο τότε μπορούμε να αντιληφθούμε νέες διαστάσεις της πραγματικότητας πέρα από τους περιορισμούς του τρισδιάστατου κόσμου.

Κάθε φορά που κάποιος από ένα κατώτερο πεδίο ερμηνεύει εκ νέου μια αλήθεια από ένα ανώτερο πεδίο, προσαρμόζει τις πληροφορίες στο δικό του επίπεδο αντίληψης. Το βλέπουμε αυτό στη συνεχή υλοποίηση συμβόλων που δεν προορίζονταν ποτέ να ερμηνευτούν στη φυσική τους μορφή. Όταν κάποιος μιλάει αυτές τις κρυμμένες αλήθειες, οι μάζες τις επανερμηνεύουν, μειώνοντας την πολυπλοκότητα των σκέψεων σε ένα πιο εύκολα αφομοιώσιμο επίπεδο. Όταν επιτευχθεί αυτό το σημείο, οι πληροφορίες παραμένουν κολλημένες σε μια κυκλική επανερμηνεία στο ίδιο επίπεδο.

Αυτός είναι ο λόγος για τον οποίο δεν έχει σημασία πόσες χριστιανικές ομάδες σχηματίζονται γύρω από τις ίδιες πεποιθήσεις και το ίδιο βιβλίο: πάντα θα είναι παραπλανημένες. Το να είσαι διαφορετικός δεν σημαίνει ότι έχεις δίκιο, αλλά ότι κάνεις λάθος με διαφορετικό τρόπο. Μπορούμε να το δοκιμάσουμε αυτό στον εαυτό μας: όσο περισσότερο καταλαβαίνουμε, τόσο περισσότερες διαφορετικές έννοιες βλέπουμε στα ίδια κείμενα. Ωστόσο, μπορούμε να αντιληφθούμε στρώματα γνώσης στα βιβλία μόνο αν περιέχουν βαθιές αλήθειες.

Το αντίθετο ισχύει για τις ψευδείς πληροφορίες. Όταν αφυπνιζόμαστε σε υψηλότερα επίπεδα αντίληψης, μπορούμε εύκολα να διακρίνουμε την αλήθεια από την απάτη. Θα συνειδητοποιήσετε ότι μπορείτε να βλέπετε περισσότερα από τους άλλους, ακόμη και όταν τους αποκαλύπτετε τα νοήματα αυτών των ανώτερων πραγματικοτήτων, τα οποία μπορεί να απορρίπτουν ή να φοβούνται να συζητήσουν. Οι περισσότεροι άνθρωποι στη Γη είναι πνευματικά παγιδευμένοι σε έναν κόσμο χαμηλότερης πυκνότητας και δεν είναι σε θέση να κατανοήσουν αυτές τις ανώτερες αλήθειες, οι οποίες είναι γεμάτες πολυπλοκότητες πέρα από την περιορισμένη κατανόησή τους. Βλέπουν πολύ λίγα σε σύγκριση με αυτά που μεταδίδονται από τις ανώτερες πραγματικότητες, με αποτέλεσμα να δέχονται αυτές τις διδασκαλίες εκείνοι που είναι πιο προετοιμασμένοι, τόσο διανοητικά, όσο και σωματικά και πνευματικά.

Αυτό οδηγεί σε μια σαφή αλλά αναπόφευκτη διαίρεση μεταξύ εκείνων που γνωρίζουν και εκείνων που δεν γνωρίζουν. Οι δεύτεροι παραμένουν βυθισμένοι στον κόσμο των μορφών, ενώ οι πρώτοι εξελίσσονται σε μια νέα νοητική κατάσταση γεμάτη ιδέες, δημιουργικότητα, οράματα και αντιλήψεις. Έτσι, παρόλο που η Αλήθεια είναι μοναδική και αναπαρίσταται συμβολικά με τον ίδιο τρόπο εδώ και χιλιάδες χρόνια σε διαφορετικούς πολιτισμούς, η ερμηνεία της έχει προσαρμοστεί στην εξελισσόμενη κατάσταση του πολιτισμού στον πλανήτη, πάντα μέσω των εκλεκτών.

Αυτοί οι εκλεκτοί άνθρωποι, ή άνθρωποι του Θεού, δεν βρίσκονται σε ψεύτικες θρησκείες, αλλά όλες οι θρησκείες είναι τελικά ψεύτικες. Τα άτομα αυτά έχουν εξαγνιστεί μέσα από τον πόνο και έχουν ανυψωθεί μαγνητικά μέσα από την προσευχή και την ηθική δράση. Λαμβάνουν ανάλογα με αυτό που ζητούν και κατανοούν. Όσοι θέλουν περισσότερα από τη ζωή πρέπει να είναι πρόθυμοι να κατανοήσουν περισσότερα. Αυτή η κατανόηση δεν προέρχεται απευθείας από τα βιβλία, αλλά από την πίστη και τη διάκριση, τα οποία καλλιεργούνται μέσω της μελέτης του νου και του φυσικού κόσμου. Αν και αυτές οι μελέτες είναι πιο εύκολα διαθέσιμες σε βιβλία, μπορούν να αποκτηθούν με πολλούς άλλους τρόπους καθώς η τεχνολογία αναπτύσσεται.

Από την άλλη πλευρά, αν οι άνθρωποι είναι πολύ αδαείς, ακόμη και στο πιο βασικό επίπεδο κατανόησης, θα αντιδράσουν θυμωμένα όταν τους διδάξουν ή τους δείξουν κάτι, όπως ένα άγριο ζώο. Για παράδειγμα, κάποτε συνάντησα μια γυναίκα σε μια κροατική καφετέρια που με κοίταζε θυμωμένα κάθε φορά που έμπαινα μέσα. Αυτό συνέβαινε επειδή μια φορά είχε ξεχάσει να μου δώσει τα ρέστα για την αγορά μου, και όταν τη ρώτησα, παραδέχτηκε το λάθος της και ζήτησε συγγνώμη. Γιατί, λοιπόν, συμπεριφερόταν σαν να της δημιουργούσα προβλήματα; Δεν την προσέβαλα ούτε είπα ή έκανα κάτι κακό, αλλά αμφιβάλλω αν καταλαβαίνει τον λόγο της αντίδρασής της.

Έχει καθοδηγηθεί από τα συναισθήματά της, τα οποία της λένε ότι η διόρθωση της συμπεριφοράς της είναι λάθος. Κατά συνέπεια, το μυαλό της την πείθει ότι αν κάνει κάποιο λάθος, θα φταίει κάποιος άλλος, όχι εκείνη. Αυτό δείχνει πόσο ισχυρό μπορεί να είναι το εγώ όταν κάποιος είναι αδαής. Έτσι αντιδρά το μυαλό ενός πολύ αδαούς, ανεύθυνου και ασυνείδητου ατόμου στην πραγματικότητα, υπό την επίδραση ενός συγκεκριμένου μηχανισμού και όχι της λογικής.

Θα μπορούσαμε να υποθέσουμε ότι κάποιος που διαβάζει βιβλία, ιδίως τα δικά μου, θα ήταν διαφορετικός, αλλά σύμφωνα με τις παρατηρήσεις μου, αυτό δεν συμβαίνει πάντα. Πολλοί άνθρωποι αναζητούν την αλήθεια, αλλά συμπεριφέρονται σαν να μην είναι σημαντική, επειδή θεωρούν τον εαυτό τους ένα τίποτα. Είναι σαν να προσπαθείς να βρεις το φως ενώ μπαίνεις όλο και πιο βαθιά σε μια σπηλιά. Οι περισσότεροι άνθρωποι είναι απλώς απρόθυμοι να κάνουν την προσπάθεια να αλλάξουν, επειδή η κατάσταση του νου τους εμποδίζει να εξελιχθούν.

Κεφάλαιο 44: Γνώση και μεταμόρφωση

Κάποτε, μια υπάλληλος σούπερ μάρκετ στο Ζάγκρεμπ της Κροατίας επέμενε ότι είχα πρόβλημα με την πιστωτική μου κάρτα, καθώς ήταν μάλλον πολύ ρατσίστρια για να παραδεχτεί ότι το πρόβλημα ήταν με την επεξεργασία των πληρωμών. Επέμεινα ότι δεν ήξερε πώς να επεξεργαστεί σωστά την πληρωμή, και είχε δίκιο. Όταν συνειδητοποίησε το λάθος της, το μηχάνημα λειτούργησε κανονικά και επεξεργάστηκε την πληρωμή μου. Είχε τέτοια εμμονή με την ιδέα της ανωτερότητάς της που δεν διόρθωσε τη συμπεριφορά της. Έπρεπε να θυμώσω και να επιμείνω να παραδεχτεί το λάθος της. Σε αυτή την περίπτωση, δεν ζήτησε ποτέ συγγνώμη. Αντιθέτως, κάθε φορά που έμπαινα στο ίδιο σούπερ μάρκετ μετά από εκείνη την ημέρα, με κοίταζε με μίσος, σαν να ήμουν εκεί για να της δημιουργώ προβλήματα. Όταν πλησίαζα στο ταμείο, οι μύες της τεντώνονταν και δεν έκανε καν οπτική επαφή.

Αυτός είναι ο κόσμος στον οποίο ζούμε, οπότε πώς μπορεί κανείς να διδάξει κάτι ανώτερης φύσης σε αυτό το πλαίσιο; Θα λύσει το πρόβλημα το να θυμώσει κανείς; Όχι. Θα αλλάξει κάτι αν εξηγήσουμε τα πράγματα στους αδαείς; Και πάλι, όχι! Γιατί λοιπόν να σκεφτούμε καν να προσπαθήσουμε να τους «σώσουμε»;

Η ειρωνεία εδώ είναι ότι εκείνοι που είναι πολύ αδαείς για να γνωρίζουν ότι πρέπει να «σωθούν», θα απορρίψουν επίσης κάθε ευκαιρία για σωτηρία. Δεν θα δουν ούτε θα εξετάσουν την πιθανότητα- η φύση τους δεν τους επιτρέπει να δουν ανώτερα όντα. Στην πραγματικότητα, έχω παρατηρήσει ότι οι άνθρωποι με πολύ χαμηλή φύση ανταποκρίνονται μόνο σε ήχους και χειρονομίες του ίδιου επιπέδου, δηλαδή σε μια δυνατή φωνή και σε ωμή σωματική δύναμη. Είναι επίσης πιο πιθανό να δείξουν σεβασμό σε κάποιον που μπορεί να τους εξουσιάσει σωματικά παρά σε κάποιον που αποφεύγει να έρθει σε σύγκρουση μαζί τους. Αντίθετα, αν συναντήσουν ένα πολύ ειρηνικό άτομο, θα τείνουν να δείχνουν περισσότερη αλαζονεία.

Εξαιτίας αυτών των ατόμων πολλοί αθώοι άνθρωποι πληρώνουν με τη ζωή τους. Οι πόλεμοι προκύπτουν πάντα όταν υπάρχει υπερβολική άγνοια και αδυναμία επίλυσης των συγκρούσεων με τη λογική ή παραδοχής των λαθών του καθενός. Η ενοχή και η ντροπή είναι συχνά οι κύριες επιρροές πίσω από τις συγκρούσεις, καθώς αυτά τα δύο συναισθήματα αντιπροσωπεύουν πολύ χαμηλές δονήσεις. Ως εκ τούτου, πιστεύω ότι πολλοί αδαείς άνθρωποι πρέπει να απομακρυνθούν προτού μπορέσουμε να εξετάσουμε μια νέα παγκόσμια τάξη πραγμάτων με μια πιο φωτισμένη πνευματική πρακτική.

Αν αυτά τα βιβλία γίνουν το ευαγγέλιο μιας νέας θρησκείας, αυτό θα γίνει μόνο επειδή οι οπαδοί μου έχουν συνειδητοποιήσει ότι μιλάω διαφορετικά από όλους τους άλλους και ότι δεν είμαι υποκριτής όπως άλλοι στον ίδιο τομέα. Η ακεραιότητά μου, οι ηθικές μου αξίες και το επίπεδο των γνώσεών μου είναι ασύμβατα με αυτού του είδους τη συμπεριφορά. Μακριά από την προώθηση μιας ιδεολογίας θυματοποίησης, άγνοιας και παθητικότητας, θα τους έλεγα στην πραγματικότητα να πλουτίσουν, να μάθουν να πολεμούν και να υπερασπίζονται τον εαυτό τους, να αποκτήσουν πολλά διαβατήρια αν μπορούν, να αγοράσουν ένα μικρό σκάφος που θα τους επιτρέπει να διασχίσουν τον Ατλαντικό ανά πάσα στιγμή και να μετακομίσουν σε ένα νησί με τους αγαπημένους τους. Θα τους έλεγα επίσης να μάθουν βασικές δεξιότητες επιβίωσης, όπως το ψάρεμα, και να κρατήσουν τη ζωή τους όσο το δυνατόν πιο απλή, με υγιεινή διατροφή. Θα τους έλεγα να κάνουν το φαγητό μια ευχάριστη τέχνη, αλλά γεμάτη από αυτά που χρειάζεται το σώμα. Πάνω απ' όλα, θα τους πρότεινα να σχηματίσουν μια κοινότητα και να μοιραστούν τα βιβλία, να μοιραστούν αυτά που γνωρίζουν και να απολαύσουν τη ζωή, ακόμη και όταν ο υπόλοιπος κόσμος καταρρέει, γιατί με την πίστη, θα είναι πάντα προστατευμένοι, ό,τι κι αν συμβεί.

Όταν ζούσα στο Ζάγκρεμπ, ένα μη επανδρωμένο αεροσκάφος που μετέφερε βόμβα έπεσε λίγα μέτρα από το διαμέρισμά μου, αλλά δεν εξερράγη. Αν είχε συμβεί αυτό, αυτό το βιβλίο δεν θα υπήρχε. Ωστόσο, όταν έρθει η ώρα να μετακομίσετε, θα ακούσετε μια εσωτερική φωνή να σας προειδοποιεί ή θα το δείτε στα όνειρά σας. Αλλά για όσους έχουν μάθει να αποδέχονται τον κόσμο όπως είναι, αυτή η πολύ χαμηλή πυκνότητα θα φαίνεται πάντα απολύτως φυσιολογική και αποδεκτή. Θα αρνηθούν στον εαυτό τους την αλήθεια, λέγοντας ότι η γνώση της αλήθειας είναι «αρνητική αφομοίωση» και ότι τους κάνει αρνητικούς. Ποτέ δεν θα σκεφτούν την πιθανότητα ότι είναι η δική τους άγνοια που τους κάνει αρνητικούς, ότι η άρνηση της πραγματικότητας όπως είναι τους κάνει αρνητικούς, ότι η αρνητικότητα δεν είναι μια γνώμη αλλά μια δόνηση που προέρχεται από το σώμα σας και ότι δεν μπορείτε να πλαστογραφήσετε το δρόμο σας μέσα στη ζωή, ειδικά αν θέλετε να αυξήσετε τη συνειδητότητά σας.

Πώς μπορείτε να δείτε περισσότερα αν αρνείστε αυτό που βλέπετε; Είναι γελοίο να σκέφτεστε έτσι, και οι άνθρωποι που σκέφτονται έτσι είναι γελοίοι. Και οι γελοίοι άνθρωποι καταλήγουν σε γελοία συμπεράσματα που βασίζονται σε γελοίες εκλογικεύσεις, επειδή το να είσαι γελοίος είναι έλλειψη ικανότητας και προθυμίας να σκέφτεσαι αποτελεσματικά. Αυτές οι συμπεριφορές βασίζονται σε πεποιθήσεις από έναν κόσμο χαμηλότερης πυκνότητας. Αυτά τα χαρακτηριστικά δεν θα εκδηλώνονταν σε υψηλότερα πεδία.

Όταν πρόκειται για την πνευματική εξέλιξη, δεν αρκεί να τρώτε περισσότερα λαχανικά και να ψέλνετε μάντρα. Στην πραγματικότητα, τα περισσότερα από αυτά που πιστεύετε γίνονται ένα προφανές ψέμα όταν συναντάτε άλλους, πολύ πιο εξελιγμένους κόσμους. Για παράδειγμα, μπορείτε να φανταστείτε τον εαυτό σας να τρέχει με βάρη στα πόδια σας. Μπορείτε να πείτε ότι αυτό κάνει τα πόδια σας πιο δυνατά, αλλά δεν μπορείτε να πείτε ότι σας κάνει πιο γρήγορους, όχι όσο φοράτε τα βάρη. Με τον ίδιο τρόπο, αν ένα άτομο που έχει μεγαλώσει μέσα σε συνθήκες βίας συναντήσει έναν ευγενικό άνθρωπο, δεν θα ξέρει πώς να συμπεριφερθεί επειδή, στην πραγματικότητά του, οι άνθρωποι λένε ψέματα, εξαπατούν και εκμεταλλεύονται τους άλλους. Δεν ξέρουν πώς να αντιδράσουν στην καλοσύνη. Η καλοσύνη σας φοβίζει περισσότερο από τα στοιχεία που έχετε συνηθίσει.

Κεφάλαιο 45: Η φύση της πραγματικότητας

Όταν η πραγματικότητα δεν ανταποκρίνεται στις προσδοκίες των ανθρώπων, όσο θετικές κι αν είναι, την απορρίπτουν γενικά. Πολλοί άνθρωποι είναι τόσο συνηθισμένοι στον πόνο που όταν επιτέλους πετυχαίνουν την ευτυχία για την οποία έχουν δουλέψει τόσο σκληρά, την καταστρέφουν άθελά τους. Αυτό το αυτοσαμποτάζ εκδηλώνεται με διάφορους τρόπους: μπορεί να γίνουν πιο αλαζόνες και σκληροί, να προσβάλλουν όσους βρίσκονται σε ανώτερη ψυχική κατάσταση ή να κάνουν λάθη που φαίνονται να είναι αποτέλεσμα κακής τύχης, αλλά στην πραγματικότητα έχουν τις ρίζες τους στην τάση τους να επιστρέφουν σε μια οικεία ψυχική κατάσταση.

Αν ένα άτομο συνειδητοποιήσει ότι η καλοσύνη είναι μια πιο ύπουλη μορφή χειραγώγησης, θα αντισταθεί σε αυτήν ακόμη περισσότερο. Αυτό ισχύει ιδιαίτερα για όσους έχουν ζήσει σε συνθήκες φτώχειας το μεγαλύτερο μέρος της ζωής τους. Χωρίς εμπειρία πλούτου, συχνά σπαταλούν χρήματα ή τα καταθέτουν σε τράπεζες που τα κατάσχουν όταν πεθάνουν. Συνήθως, οι άνθρωποι που γνωρίζουν ελάχιστα για τον πλούτο τείνουν να πιστεύουν ότι όσοι έχουν περισσότερα χρήματα τα απέκτησαν με ανέντιμα μέσα. Αυτή η νοοτροπία καλλιεργεί αισθήματα ανεπάρκειας και άγνοιας, οδηγώντας τους να πιστεύουν ότι πρέπει να εργαστούν σκληρότερα, ότι είναι ατελείς και ότι οι πεποιθήσεις τους είναι λανθασμένες.

Ένα άτομο μπορεί να ζήσει μια ολόκληρη ζωή προσκολλημένο σε αυτές τις πεποιθήσεις, αλλά θα βρει λίγη ικανοποίηση, ακόμη και στη λογοτεχνία, αν δεν είναι πρόθυμο να αλλάξει. Είναι δυνατόν να διαβάσει κανείς την αλήθεια χωρίς να τη δει στην πραγματικότητα. Αυτός είναι ο λόγος για τον οποίο οι πιο δημοφιλείς θρησκείες συχνά περιλαμβάνουν τραγούδια και απαγγελία ακατανόητων κειμένων περιμένοντας κάποιον άλλον να ερμηνεύσει το νόημά τους. Όταν ο νους ενός ατόμου είναι κολλημένος σε έναν κόσμο πυκνότερης πυκνότητας, όπως συμβαίνει στη Γη, οι έννοιες των ανώτερων πεδίων μπορεί να φαίνονται εξωπραγματικές.

Κατά τη διάρκεια της θητείας μου ως εκπαιδευτικός και ειδικός σε θέματα μαθησιακών δυσκολιών, δεν ήμουν γνωστός για το σχεδόν 100% ποσοστό επιτυχίας μου, αλλά μάλλον για τη χρήση μικρών πετραδιών. Πολλοί ήταν περίεργοι για την προέλευση αυτών των λίθων και με υποπτεύονταν ότι ήμουν ανέντιμος, διακόπτοντας συχνά τις συνεδρίες μου με τα παιδιά για να με παρατηρήσουν. Ωστόσο, ποτέ δεν με είδαν να αλληλεπιδρώ με τα παιδιά- αντίθετα, επικεντρώνονταν στις πέτρες, διερωτώμενοι γιατί τις μετακινούσα προς διαφορετικές κατευθύνσεις ή γιατί επέλεξα μαύρες πέτρες αντί για λευκές. Τους εξήγησα ότι δεν είχα συγκεκριμένα κριτήρια για τις επιλογές μου, αλλά παρέμειναν πεπεισμένοι ότι κάτι έκρυβα. Στη συνέχεια με ρώτησαν πού είχα μάθει να χρησιμοποιώ τις πέτρες και αν υπήρχε κάποια θρησκεία που δίδασκε αυτή τη «μαγεία».

Αυτή την περιέργεια έδειξαν κυρίως οι ενήλικες, οι περισσότεροι από τους οποίους ήταν δάσκαλοι. Αντίθετα, τα παιδιά απλώς μάθαιναν, αρίστευαν ακαδημαϊκά, εξέφραζαν ευγνωμοσύνη και βοηθούσαν τους συμμαθητές τους με όσα είχαν μάθει από εμένα. Τελικά, εγώ θα ξεχνιόμουν, αλλά η μέθοδος, η βοήθεια που παρείχα και τα αποτελέσματα θα παρέμεναν, εκτός αν αυτά τα παιδιά, ενήλικες πλέον, επέλεγαν να αναζητήσουν τις χαμένες μαγικές πέτρες. Αυτό απηχεί τα λόγια του Ιησού: «Αν δεν αλλάξετε και δεν γίνετε σαν τα παιδιά, δεν θα μπείτε ποτέ στη βασιλεία των ουρανών» (Ματθαίος 18:3). «Σαν παιδιά» σημαίνει να είστε πρακτικοί, με καθαρό μυαλό, αμερόληπτοι και εκτιμητικοί.

Αυτό το παράδειγμα απεικονίζει ένα επαναλαμβανόμενο θέμα στη ζωή μου που συνεχίζω να βιώνω ως συγγραφέας. Αντί να απορροφούν αυτά που μαθαίνουν από εμένα, πολλοί αναγνώστες με συγκρίνουν με απατεώνες γκουρού, με κρίνουν με βάση την εμφάνιση ή το παρελθόν μου και παθιάζονται να αποδείξουν ότι έκλεψα τις πληροφορίες, τις φαντάστηκα ή είχα πρόσβαση σε κάποιο μυστικιστικό αρχείο. Ποτέ δεν συνάντησα αυτόν τον σκεπτικισμό μεταξύ των παιδιών. Απλώς έκαναν ερωτήσεις, εφάρμοζαν τις απαντήσεις και απολάμβαναν τα αποτελέσματα. Οι ενήλικες, από την άλλη πλευρά, είναι γενικά τυφλοί απέναντι στις πτυχές του εαυτού τους με τις οποίες ταυτίζονται και τις οποίες έχουν ενσωματώσει στην προσωπικότητά τους, καθώς και απέναντι στους ανθρώπους που επηρεάζουν σημαντικά τα αποτελέσματά τους. Πολλοί άνθρωποι περνούν ολόκληρη τη ζωή τους σε αυτή την κατάσταση σκότους.

Ο ψυχίατρος Carl Gustav Jung διατύπωσε καλά αυτό το φαινόμενο όταν το περιέγραψε ως «ένα ασυνείδητο που έχει γίνει πραγματικότητα», μια κατάσταση από την οποία «δεν μπορεί κανείς να αναπτυχθεί πραγματικά χωρίς να αντιμετωπίσει την άγνοιά του». Πώς όμως θα αντιλαμβανόσασταν τη ζωή και τον εαυτό σας αν αντιμετωπίζατε το σκοτάδι μέσα στο ίδιο σας το μυαλό; Αυτή η διαδικασία απαιτεί πίστη, ελπίδα και μια νέα κατανόηση των συμβόλων που σας καθοδηγούν.

Κεφάλαιο 46:
Προσευχή

Σ το τέλος αυτού του βιβλίου, σας προσφέρω μια προτεινόμενη προσευχή:

Δημιουργέ που τα βλέπει όλα και τα γνωρίζει όλα,

Είσαι παρών σε κάθε εκδήλωση.

Είναι παρών για έναν ιερό σκοπό,

Ένας σκοπός που υπερβαίνει την κατανόησή μου.

Είθε η σοφία Του να με φτάσει,

Και ας γίνει το θέλημά Του μέσω εμού.

Είθε το φως του Δημιουργού να με γεμίσει με φιλοδοξία, ζωτικότητα και υγεία,

Έτσι ώστε να μπορώ να ζω σύμφωνα με τις θεϊκές εκδηλώσεις.

Είθε ο σκοπός μου στη Γη να εκπληρωθεί σύμφωνα με το θεϊκό σχέδιο,

Ευθυγραμμίζοντας τις σκέψεις μου με τις δικές Σου.

Δώσε μου τις απαντήσεις στις προσευχές μου σήμερα και πάντοτε,

Καθώς προσπαθώ να βρω τα λόγια Σου μέσα μου.

Συγχώρεσέ με για τα λάθη μου,

Καθώς απελευθερώνομαι από τις ενοχές και το φόβο.

Μη με οδηγήσεις στο θυμό ή στον πόνο,

Αλλά ελευθέρωσέ με από τις απατηλές σκέψεις και την έλλειψη διάκρισης.

Είθε να μην παρασυρθώ από παραπλανητικά συναισθήματα,

Μακάρι να μην παρασυρθώ από άσχετους πειρασμούς.

Και ας γίνει το θέλημά σου!

Είμαι ευγνώμων για τις ευλογίες που λαμβάνω,

Στο δρόμο προς τον αυτοσεβασμό που απαιτείται για να τις αναγνωρίσω!

Είθε η δόξα και η ελπίδα για ένα καλύτερο μέλλον να γεμίσουν την καρδιά μου!

Σας ευχαριστώ!

Γλωσσάριο όρων

Ε υθυγράμμιση: Διαδικασία μετασχηματισμού στη μηχανική της ζωής κατά την οποία η συνείδηση, το εγώ και ο ανώτερος εαυτός επιτυγχάνουν αρμονία και ισορροπία.

Ψυχή: Η συνειδητή πτυχή ενός ατόμου που συνδέει το πνεύμα με τον φυσικό κόσμο. Χρησιμεύει ως έδρα της συνείδησης, των συναισθημάτων και της ερμηνείας.

Κάρμα: Αρχή της αιτίας και του αποτελέσματος σύμφωνα με την οποία οι πράξεις και οι επιλογές ενός ατόμου σε προηγούμενες ζωές επηρεάζουν τις τρέχουσες εμπειρίες και καταστάσεις.

Συνείδηση: Κατάσταση επίγνωσης του περιβάλλοντος, των σκέψεων και των εσωτερικών εμπειριών του ατόμου. Είναι η βάση της ταυτότητας και της πνευματικής εξέλιξης.

Εγώ: Η αίσθηση του εαυτού, που συνήθως χαρακτηρίζεται από προσκόλληση στις σκέψεις, τις πεποιθήσεις και την ταυτότητα του ατόμου. Το εγώ μπορεί τόσο να διευκολύνει όσο και να εμποδίσει την πνευματική ανάπτυξη.

Πνεύμα: Η αιώνια, μη φυσική ουσία ενός ατόμου που υπερβαίνει το σώμα και την προσωπικότητα. Είναι η πηγή της αληθινής ταυτότητας και των δυνατοτήτων ενός ατόμου.

Ανώτερος Εαυτός: Η πνευματική και αιώνια πτυχή ενός ατόμου που υπερβαίνει το εγώ και την προσωπικότητα. Αποτελεί την πηγή του πραγματικού σκοπού και των δυνατοτήτων ενός ατόμου.

Κουνταλίνι: Αδρανής πνευματική ενέργεια μέσα στο ανθρώπινο σώμα, που συνήθως απεικονίζεται ως φίδι σε σπείρα. Η αφύπνιση και η ανάληψή της συνδέονται με την πνευματική διαφώτιση.

Νους: Η ικανότητα που παράγει σκέψεις, πεποιθήσεις και αντιλήψεις. Ο νους διακρίνεται από την ψυχή και το πνεύμα, αλλά σχετίζεται και με τα δύο.

Μετενσάρκωση: Η πεποίθηση ότι η ψυχή ή η συνείδηση ξαναγεννιέται σε ένα νέο φυσικό σώμα μετά το θάνατο, καθιστώντας δυνατή τη συνέχιση της πνευματικής ανάπτυξης και εξέλιξης.

Μεταμόρφωση: Η διαδικασία μετασχηματισμού της συνείδησης, της ενέργειας και της φυσικής κατάστασης ενός ατόμου μέσω πνευματικών πρακτικών και αλχημικών αρχών.

Αίτημα αναθεώρησης βιβλίου

Αγαπητέ αναγνώστη,

Σας ευχαριστούμε που αγοράσατε αυτό το βιβλίο! Θα ήθελα πολύ να ακούσω νέα σας. Η συγγραφή μιας βιβλιοκριτικής μας βοηθά να κατανοήσουμε τους αναγνώστες μας και επηρεάζει επίσης τις αποφάσεις αγοράς άλλων αναγνωστών. Η γνώμη σας είναι σημαντική. Παρακαλώ γράψτε μια κριτική βιβλίου! Η καλοσύνη σας εκτιμάται πολύ!

Σχετικά με τον συγγραφέα

Ο Dan Desmarques είναι ένας διάσημος συγγραφέας με αξιοσημείωτη πορεία στον κόσμο της λογοτεχνίας. Με ένα εντυπωσιακό χαρτοφυλάκιο 28 μπεστ σέλερ στο Amazon, συμπεριλαμβανομένων οκτώ #1 μπεστ σέλερ, ο Dan είναι μια αξιοσέβαστη προσωπικότητα στον κλάδο. Αξιοποιώντας το υπόβαθρό του ως καθηγητής πανεπιστημίου ακαδημαϊκής και δημιουργικής γραφής, καθώς και την εμπειρία του ως έμπειρος σύμβουλος επιχειρήσεων, ο Dan προσφέρει έναν μοναδικό συνδυασμό τεχνογνωσίας στο έργο του. Οι βαθιές ιδέες του και το μεταμορφωτικό του περιεχόμενο απευθύνονται σε ένα ευρύ κοινό, καλύπτοντας θέματα τόσο διαφορετικά όσο η προσωπική ανάπτυξη, η επιτυχία, η πνευματικότητα και το βαθύτερο νόημα της ζωής. Μέσα από τα γραπτά του, ο Dan ενδυναμώνει τους αναγνώστες να απελευθερωθούν από τους περιορισμούς, να απελευθερώσουν το εσωτερικό τους δυναμικό και να ξεκινήσουν ένα ταξίδι αυτογνωσίας και μεταμόρφωσης. Σε μια ανταγωνιστική αγορά αυτοβοήθειας, το εξαιρετικό ταλέντο και οι εμπνευσμένες ιστορίες του Dan τον κάνουν να ξεχωρίζει ως συγγραφέα, παρακινώντας τους αναγνώστες να ασχοληθούν με τα βιβλία του και να ξεκινήσουν ένα μονοπάτι προσωπικής ανάπτυξης και διαφώτισης.

Επίσης γραμμένο από τον συγγραφέα

1. 66 Days to Change Your Life: 12 Steps to Effortlessly Remove Mental Blocks, Reprogram Your Brain and Become a Money Magnet

2. A New Way of Being: How to Rewire Your Brain and Take Control of Your Life

3. Abnormal: How to Train Yourself to Think Differently and Permanently Overcome Evil Thoughts

4. Alignment: The Process of Transmutation Within the Mechanics of Life

5. Audacity: How to Make Fast and Efficient Decisions in Any Situation

6. Beyond Belief: Discovering Sacred Moments in Everyday Life

7. Beyond Illusions: Discovering Your True Nature

Σχετικά με τον εκδότη

Το βιβλίο αυτό εκδόθηκε από την 22 Lions Publishing.

www.22Lions.com